FACULTÉ DE DROIT DE L'UNIVERSITÉ DE PARIS

LES ANIMAUX

ET LA

LOI PÉNALE

(ÉTUDE D'HISTOIRE DU DROIT)

THÈSE POUR LE DOCTORAT

L'ACTE PUBLIC SUR LES MATIÈRES CI-DESSUS

sera présenté et soutenu le jeudi 25 avril 1901, à 1 heure

PAR

Albert DELACOUR

ATTACHÉ A LA BIBLIOTHÈQUE MAZARINE

Président : M. CHÉNON, *Professeur.*

Suffragants : { MM. GARÇON, *Professeur.*
{ PIÉDELIÈVRE, *Professeur.*

PARIS

V. GIARD & E. BRIÈRE

Libraires-Éditeurs

16, RUE SOUFFLOT, 16

1901

THÈSE

POUR LE DOCTORAT

FACULTÉ DE DROIT DE L'UNIVERSITÉ DE PARIS

LES ANIMAUX

ET LA

LOI PÉNALE

(ÉTUDE D'HISTOIRE DU DROIT)

THÈSE POUR LE DOCTORAT

L'ACTE PUBLIC SUR LES MATIÈRES CI-DESSUS

sera présenté et soutenu le jeudi 25 avril 1901, à 1 heure

PAR

Albert DELACOUR

ATTACHÉ A LA BIBLIOTHÈQUE MAZARINE

Président : M. CHÉNON, *Professeur.*

Suffragants : { MM. GARÇON, *Professeur.*
{ PIÉDELIÈVRE, *Professeur.*

PARIS

V. GIARD & E. BRIÈRE

Libraires-Éditeurs

16, RUE SOUFFLOT, 16

1901

A MON PÈRE ET A MA MÈRE

LES ANIMAUX ET LA LOI PÉNALE
(ÉTUDE D'HISTOIRE DU DROIT)

INTRODUCTION

Les animaux sont-ils considérés par la loi comme des objets du droit ou comme des sujets du droit? Ou, en d'autres termes, doivent-ils être rangés, au regard de la loi, dans la catégorie des choses sur lesquelles on a des droits, ou dans celle des personnes qui disposent de certains droits ?

La question bien évidemment ne peut se poser au regard de la loi civile. S'il est certain que les animaux peuvent être des objets de contrat ou des objets de propriété, aucun zoophyle n'a jamais prétendu en leur faveur au droit de figurer dans un contrat ni d'exercer une propriété quelconque. Devant la loi civile, les animaux sont donc simplement des choses corporelles et mobilières, parfois immobilières par destination. En aucun cas, ils ne peuvent être tenus pour des personnes.

La question ne commence donc à se poser que lorsqu'il s'agit de la loi pénale. L'animal a-t-il droit à la protection de la loi pénale, et, s'il a droit à cette protection, doit-on par ce seul fait le considérer comme une sorte de personne? D'autre part, l'animal est-il considéré comme responsable de ses actes? peut-il, dans certains cas, encourir une peine? Nous verrons, en examinant ces deux questions, que la seconde n'est, à proprement parler, que le corollaire de la première, et que, suivant la réponse que la loi donne à la première de ces questions, la seconde se trouve infailliblement résolue du même coup.

Or, la réponse à ces deux questions a été très différente, suivant les idées philosophiques et surtout religieuses qui ont présidé à l'élaboration des diverses législations.

Deux théories ont été en présence depuis l'origine des civilisations jusqu'à nos jours. Elles s'opposent l'une à l'autre, par leur principe théorique, et s'excluent brutalement l'une l'autre. L'animal n'a pas de quasi-personnalité, l'animal a une quasi-personnalité.

Mais la première de ces deux théories se subdivise en deux systèmes pratiques absolument différents dans l'application du même principe, en sorte qu'on serait tenté, d'après les apparences, de ne faire qu'une même théorie avec le premier de ces deux systèmes et la seconde théorie qui lui est cependant opposée.

Nous verrons que cette confusion serait une erreur, car le premier système conduit, dans certaines circonstances, infailliblement au second ou à un système intermédiaire, que nous verrons en son lieu.

Nous examinerons successivement les deux théories et les systèmes pratiques qu'elles engendrent : 1° dans le droit de l'antiquité primitive, 2° dans la période qui s'étend depuis la formation de l'Empire Romain jusqu'à l'époque moderne, 3° dans des législations modernes.

Dans chaque système, nous examinerons ces deux questions: L'animal est-il protégé? L'animal est-il responsable de ses actes ?

CHAPITRE PREMIER

L'ANTIQUITÉ PRIMITIVE

SECTION PREMIÈRE

Théorie de la non-personnalité de l'animal

PARAGRAPHE PREMIER

Droit primitif de l'Inde et de l'Egypte

De même que la langue sanscrite est la sœur aînée de
tous nos idiomes, de même la conception du droit pénal,
telle que la présente le Code de Manou, est encore le
substratum de nos codes criminels modernes. Aussi nous
permettrons-nous de l'étudier avec quelques détails au
point de vue qui nous occupe, comme étant le fondement
de la première théorie que nous avons annoncée.

Le droit pénal est considéré par les anciens Brahmes à
un point de vue purement subjectif. Ce qui constitue la
criminalité d'un acte, ce n'est pas son résultat, mais le
sentiment qu'il provoque chez la collectivité. Le coupable
est frappé d'une peine, non pour avoir attenté à la per-

sonnalité d'autrui, mais parce que son acte fait de lui un objet d'horreur et qu'il a besoin d'être purifié de son délit comme d'une souillure.

L'idée de la personnalité de la victime du délit n'entre pour rien dans une pareille conception ; et à vrai dire ce n'est que très lentement et par suite d'influences étrangères, que les droits dérivés du droit hindou, ont basé leur droit pénal sur une idée autre que la « purification » devenue en Occident « la vengeance collective ».

La conséquence immédiate de cette conception primordiale est que les actes des animaux ne sont pas punis par le code de Manou. Le fait d'être animal étant considéré par les Brahmes comme une punition divine, une purification humaine n'y ajouterait rien.

Mais réciproquement, le dommage causé à un animal doit être puni, parce que l'animal étant considéré comme sensible, le spectacle de la souffrance provoque chez l'Hindou primitif à peu près le même horreur que le spectacle de la souffrance d'un homme.

La douceur du caractère de l'Hindou le portait à considérer le meurtre de l'animal comme un véritable délit, même lorsque ce meurtre n'avait d'autre but que d'assurer sa propre vie.

Aussi, pour guérir ses scrupules et lui permettre de se nourrir de la chair des animaux, le code de Manou (1) ne consacre-t-il pas moins de sept articles (art. 27, 31, 32, 33,

____

(1) Édition Strehly, trad. 1893.

39, 42 et 44, du ch. V) à affirmer que le meurtre d'un animal commis pour honorer les Dieux et dans une intention religieuse ne doit pas indigner l'opinion publique, n'est pas un délit.

Mais, par contre, tout meurtre d'animal commis sans la consécration de la victime aux Mânes ou aux Dieux est un délit dont la peine n'est qu'un peu inférieure à celle du meurtre d'un homme.

L'art. 256 du ch. VIII, en cas de meurtre de gros animaux par suite d'un accident de voiture, frappe le coupable de la moitié de l'amende imposée pour le meurtre d'un homme; l'art. 257 frappe d'une amende de 200 panas le meurtre commis dans ces conditions sur le menu bétail ; et de 50 panas celui de jolis quadrupèdes ou oiseaux sauvages ; l'art. 258 fixe à cinq machas l'amende pour le meurtre d'un âne, d'une chèvre ou d'une brebis, à un macha l'amende pour le meurtre d'un chien ou d'un porc. L'art. 284 du ch. IX qui punit les médecins ou vétérinaires lorsqu'ils soignent de travers leurs malades, les frappe, lorsqu'il s'agit d'humains, de l'amende moyenne ; de l'amende inférieure, lorsqu'il s'agit d'animaux.

Dans le ch. XI, se trouvent les peines portées pour le meurtre volontaire des animaux.

Ce meurtre, lorsqu'il s'agit d'un âne, un cheval, un chameau, un daim, un éléphant, une chèvre, une brebis, doit être considéré comme faisant descendre le coupable au même niveau que le mélange des castes (art. 69) ; même lorsqu'il s'agit de vers ou d'insectes, il constitue une souillure (art. 72).

Le meurtre d'une vache est puni — en outre de la pénitence, minutieusement décrite par les articles 109-116, et qui consiste à effacer par les services rendus aux vaches pendant trois mois l'horreur qui s'attache à l'acte — d'une amende d'un taureau et de dix vaches, ou, si le meurtrier ne les possède pas, de l'abandon de tous ses biens à des Brahmanes (art. 117).

Le meurtre d'un chat, d'un ichneumon, d'un geai bleu, d'une grenouille, d'un chien, d'un lézard, d'une chouette, d'une corneille (art. 132) est puni d'une amende d'un taureau et de dix vaches blanches.

L'amende est : pour le meurtre d'un serpent, d'une bèche en fer (art. 134.)

(Art. 135), pour un sanglier, un pot de beurre clarifié ; pour une perdrix, une mesure de grains de sésame ; pour un perroquet, un veau de deux ans ; pour un courlis, un veau de trois ans.

(Art. 136), pour un flamant, une grue, un héron, un paon, un singe, un vautour, un épervier, l'amende est d'une vache.

(Art. 137), pour un cheval, elle est d'un vêtement ; cinq taureaux noirs pour un éléphant ; un bœuf de trait, pour une chèvre ou un bélier ; un veau d'un an pour un âne.

(Art. 138), pour des animaux sauvages carnassiers, une

vache à lait ; pour des animaux sauvages non carnassiers, une génisse.

(Art. 141), pour un millier de petits animaux vertébrés ou un plein chariot d'invertébrés, un taureau et dix vaches.

(Art. 142), pour le meurtre isolé de petits animaux vertébrés, une légère amende payée à un Brahmane.

Nous avons dit que les délits des animaux n'étaient pas punis sur les animaux eux-mêmes.

Ainsi, les dégâts commis par les animaux dans les champs n'entraînent qu'une amende pour le berger. Elle est de cent panas, si le champ était clos (art 240 du chap. VIII), d'un pana et quart, si le champ n'était pas clos (art. 241), sans préjudice des dommages-intérêts.

Nous avons vu que la théorie subjective du droit pénal avait conduit les Brahmanes à accorder l'immunité aux animaux, tandis qu'elle leur accordait une protection à peu près égale à celle des hommes.

L'Egypte ancienne est le seul pays où cette théorie ait produit en pratique les mêmes résultats.

Combinée avec les traditions particulières à la masse du peuple, et qu'on retrouve encore aujourd'hui chez les peuplades sauvages de l'Afrique, elle a même conduit, au point de vue qui nous occupe, à l'inviolabilité des animaux.

Les populations rouges autochtones de l'Egypte et de l'Assyrie ancienne, en vertu d'une sorte de pré-darwinisme obscur, considéraient que l'homme descendait des animaux. Il est facile de retrouver cette conception naturaliste dans la vieille légende chaldéenne qui fait des quatre Annédôtos qui enseignèrent les premiers hommes des dieux-poissons.

Chaque nome de l'Egypte s'attribuait pour ancêtre un animal particulier. C'est ainsi que le crocodile était protégé dans les nomes de Thèbes et de Shed, tandis qu'on le chassait impunément dans celui d'Eléphantine. (Hérodote, II, 69.) Le bœuf Mnévis et le Phénix (espèce de vanneau) étaient les ancêtres d'Héliopolis ; le bouc, celui de Mendès ; le bœuf Apis, celui de Memphis. D'autres étaient communs à toute l'Egypte : le scarabée, l'ibis, le cynocéphale, l'épervier, le chacal.

Le meurtre des animaux était donc, en Egypte, puni de mort et de la mort du sacrilège, c'est-à-dire de la lapidation.

Rien ne pouvait faire fléchir la loi sur ce point. Au temps de Diodore, un citoyen romain ayant tué un chat par hasard, fut mis à mort malgré les supplications du Ptolémée qui craignait pour son trône (50 ans av. J.-C.).

PARAGRAPHE II

Bouddhisme et Confucéisme

L'Inde et l'Egypte sont les seuls pays où la théorie subjective du droit pénal ait amené par analogie l'assimilation des animaux à l'homme.

Sitôt qu'une sensibilité exceptionnelle ou des théories religieuses particulières ne favorisent plus l'assimilation de l'animal à l'homme, l'animal est relégué au rang d'accessoire; il n'est plus que l'instrument de l'activité et du développement de la personne humaine.

Cette doctrine a été celle des deux grands réformateurs de l'antiquité anté-chrétienne, Koung-Tseu et Çakya-Mouni.

Pour Çakya-Mouni, il suffit de comparer la formule de la prière du sacrifice chez les Brahmanes :

« Que tous les êtres aient leur part du mérite de cette œuvre ! »

Avec celle du sacrifice des Bonzes :

« Que tous mes parents et tous les hommes habitants de ce monde aient leur part du mérite de cette œuvre ! »

D'autre part, il y a dans le livre de Ming-Tseu, disciple de Koung-Tseu (ch. I, verset 7), une anecdote qui montre bien le rôle qui est attribué aux animaux dans la pensée du grand législateur de l'Extrême-Orient. Le roi de Thsi, Siouan-Wang, avait eu pitié d'un taureau qu'on menait pour l'immoler; et voici ce que le philosophe lui dit, un peu dédaigneusement :

« C'est l'humanité qui vous a inspiré. Quand l'homme supérieur a vu les animaux vivants, il ne peut supporter de les voir mourir. Quand il a entendu leurs cris d'agonie, il ne peut supporter de manger leur chair. C'est pourquoi l'homme supérieur place son abattoir et sa cuisisine dans des lieux éloignés. »

Ainsi le mal fait aux animaux n'est interdit que parce qu'il pourrait développer chez l'homme des sentiments pervers et nuisibles aux hommes.

PARAGRAPHE III
Droit gréco-latin primitif.

Il est évident que lorsque le système de la non-personnalité de l'animal est appliqué par des sociétés chez lesquelles la sensibilité est très réduite, il conduit immédiatement à l'assimilation de l'animal aux choses inanimées.

C'est ce que nous allons avoir l'occasion d'examiner chez les anciens Grecs et les anciens Romains dont les législations sont peut-être les plus dures de toutes celles que nous aient laissées l'histoire du droit comparé.

La législation hellénique cependant, ne présente pas, à beaucoup près, l'inflexibilité logique que nous verrons tout à l'heure dans la législation romaine, dernier terme de l'évolution de la théorie subjective du droit pénal.

La Grèce, et particulièrement Athènes, était le boulevard de l'Occident vers l'Orient. Empreint au fond de la dureté occidentale, le droit hellénique n'en a pas moins subi les influences de l'esprit asiatique. De là cette mobilité des principes, cette imprécision dans l'application qui fait de la législation athénienne le type des législations *bonae fidei* par opposition à la législation *stricti juris* des vieux Romains.

Nous ne voyons édicter aucune mesure de protection en

faveur des animaux ni par la législation athénienne ni par
la loi de Gortyne, du moins dans les temps primitifs. Le
dommage causé à un animal n'entraîne qu'une responsabilité civile au profit de son propriétaire. L'indemnité se
réclame par l'action βλάϐης (du mot βλάϐη, βλάϐος chez les
anciens auteurs, qui signifie dommage). Ce qui donne à
cette action un certain caractère pénal, c'est qu'elle est
donnée non seulement dans le cas où le dommage a été
causé par un acte injuste de son auteur, mais même lorsqu'il y a eu simple omission de la part de celui-ci.

Dans le premier cas, l'acte de l'auteur du dommage a
bien créé un lien de droit entre lui et sa victime ; mais
dans le second cas, aucun lien de droit ne s'étant formé, la
condamnation en vertu de l'action βλάϐης prend le véritable
caractère d'une punition.

Passons au cas plus intéressant où le dommage a été
causé par un animal.

Plutarque, dans le *De animalibus* prétend que l'usage
de tuer les animaux est né de ce qu'on mettait à mort ceux
qui avaient touché aux offrandes faites aux dieux. Faut-il
voir là-dedans l'idée de la responsabilité pénale de l'animal ?
N'y aurait-il pas plutôt cette pensée que l'offrande ayant
été souillée il faut la remplacer sur le champ par une autre
offrande ? Ce qui permettrait de faire cette supposition,
c'est que Plutarque parle de ce fait seul et non du fait d'un
autre méfait commis par les animaux, d'un homicide par
exemple. Il semble qu'il y ait là dans l'esprit de l'historien
le résultat d'une nécessité plus impérieuse que la peine,

puisqu'il prétend que l'usage de manger la chair des animaux serait né à cette occasion. Le fait que Plutarque se trompe manifestement au point de vue historique n'empêche pas de noter qu'il ne semble pas justifier le fait qu'il rapporte par une idée de répression.

Il est vrai qu'une loi de Dracon, conservée par Solon punit de mort le cheval ou tout autre animal qui a tué ou grièvement blessé un homme. Mais, à la vérité, la même loi ordonne la destruction des objets inanimés qui auraient causé la mort d'un homme.

Platon, en ordonnant de jeter hors des frontières, après l'avoir tué, l'animal coupable d'homicide, nous permet peut-être d'apprécier exactement l'esprit de la loi athénienne. Pourquoi jette-t-on hors des frontières le cadavre tué? Parce que ce cadavre lui-même est dangereux.

Les Athéniens se faisaient une idée si véritablement « divine » de la vie humaine, et particulièrement de la vie du citoyen athénien, qu'ils considéraient comme une espèce d'acte contre nature, le fait d'attenter à la vie d'un citoyen d'Athènes. Pour commettre un pareil acte, il fallait que la chose, animal ou pierre, fût devenue, pour ainsi dire, l'instrument d'une puissance mystérieuse et hostile. De là la nécessité de la mettre hors le territoire de la République. Pour la pierre, cela allait de soi. Mais, pour l'animal furieux, il fallait commencer par le mettre à mort.

Il y a pourtant une loi de Solon, rapportée par Plutarque, qui semble bien impliquer l'idée d'un châtiment à exercer sur l'animal. C'est la loi à propos de laquelle

Lysias prononça vraisemblablement son discours περὶ τοῦ κυνός et qui exige que le chien, ayant mordu une personne, soit livré à la personne mordue, attaché à un billot de quatre coudées de long.

M. Beauchet (1) considère cette loi comme l'application particulière du principe général de l'abandon noxal conduisant à la vengeance privée de la victime sur l'animal. Ne semble-t-il pas cependant étrange qu'on ait eu besoin d'une loi pour appliquer à un cas particulier un principe général, et que l'abandon noxal de l'animal lésant n'apparaisse jamais lorsqu'il s'agit de dommages causés aux personnes et aux propriétés, alors que précisément, comme nous le verrons plus loin, cet abandon noxal est usité en cas de dommages causés par des animaux à d'autres animaux?

Comment expliquer cependant la loi de Solon?

Il y a une explication qui rendrait compte de son caractère d'apparente exceptionnalité, et qu'on pourrait tirer de sa comparaison avec les prescriptions minutieuses que nous verrons plus loin formulées par la loi des Perses contre les chiens mordeurs.

Il s'agit, dans l'espèce, des chiens enragés, dont le cas à très vivement préoccupé les sociétés anciennes, accoutumées à compter sur la fidélité inviolable des chiens de garde ou de berger, et que le spectacle de la rage jetait dans une espèce de stupeur.

(1) Droit civil des Athéniens,

Solon n'a-t-il pas obéi à ce sentiment très particulier, en édictant la loi dont il s'agit? D'une part, on ne peut condamner le maître du chien à une amende, puisque ce n'est pas de sa faute, si son chien est devenu fou. D'autre part, on ne veut pas tuer le chien, puisqu'on espère qu'il se guérira peut-être. Et cependant la personne mordue ne peut rester sans satisfaction. Alors, on lui attribue le chien comme indemnité, en le faisant enchaîner préalablement, pour qu'il ne puisse renouveler ses morsures. S'il guérit, la victime le gardera comme indemnité ; s'il périt, tout sera réglé par sa mort ; s'il s'obstine à vivre avec sa folie, son nouveau maître pourra toujours le tuer.

Ce qui semblerait confirmer cette manière de voir, c'est que la loi de Gortyne en cas de dommage causé par un porc, adjuge également le porc à la victime du dommage. N'est-ce pas parce que le porc est sujet, comme le chien, à de brusques accès de fureur sans cause, ce qui l'avait fait ranger avec le chien par le moyen âge dans la classe des animaux sataniques. Malheureusement l'inscription de Gortyne est mutilée sur ce point, alors qu'elle nous aurait peut-être donné, sans cet accident, la véritable solution du problème.

Il semble résulter de ceci que nous n'admettons pas l'abandon noxal de l'animal comme une institution pénale du droit grec, basée sur la vengeance privée. Je sais bien que cette vengeance privée a existé chez beaucoup de peuples primitifs ; mais je ne crois pas que la sérénité du Grec non plus que l'orgueil du Romain se soit abaissé à exercer cette vengeance privée sur des choses, comme les bêtes.

J'examinerai cette question plus à fond à propos des actions noxales du droit romain, qui ne sont pas douteuses. Qu'il me suffise de déclarer ici que je ne vois pas en droit grec d'actions données « noxaliter » au sujet des dommages causés par les animaux aux personnes ni aux propriétés, et que je crois pouvoir expliquer les actions certainement noxales du droit grec par une autre considération que celle de la vengeance privée.

Il s'agit en effet de la βλάβη τετραπόδων donnée au propriétaire d'un animal blessé par un autre animal par les lois d'Athènes et de Gortyne.

Lorsqu'une bête à pied corné a estropié une bête de même espèce, le propriétaire lésé doit amener en présence de son adversaire la bête blessée ou le cadavre de la bête morte ; si la bête ne peut être transportée, il doit la faire voir à son adversaire en présence de témoins, et après une sommation préalable.

Ces formalités accomplies, il s'agit de fixer l'indemnité. Le droit grec a imaginé une solution très ingénieuse. Le propriétaire lésé a le droit de réclamer comme indemnité la valeur simple du dommage ; mais s'il éprouve quelque difficulté à faire l'estimation de ce dommage, il peut exiger, à son choix, l'abandon noxal de l'animal lésant contre abandon par lui-même de l'animal blessé en l'état ou de son cadavre.

Même procédure en cas que l'animal lésé soit un cheval,

un mulet ou un âne ; mais nous ne savons pas, dans ce cas, le montant de l'indemnité.

Il y a bien une *noxæ deditio* dans la forme, effectuée par le propriétaire de l'animal lésant ; mais on ne voit pas là dedans l'application du principe de la vengeance privée. Il s'agit simplement d'une estimation particulière de l'indemnité facilitée par l'identité de la chose lésée et de la chose lésante. Au lieu de demander le prix de sa bête tuée, et d'en acheter une autre, le propriétaire lésé prend celle qui a commis le dommage, si la valeur de cette bête lui paraît l'équivalent de celle de la bête qu'il a perdue.

Et d'ailleurs, il y a aussi *deditio* faite par lui de la bête blessée ou tuée, et cette *deditio* ne peut être basée sur l'idée de vengeance privée.

Arrivons au droit romain primitif, c'est-à-dire à la période d'histoire juridique qui s'étend de la Loi des Douze-Tables de Rome à l'évolution nouvelle commençant au septième siècle de Rome avec le jurisconsulte Q. Mucius Scévola. Aux yeux du vieux Romain, même du contemporain de Caton l'Ancien qui engageait à vendre les vieux esclaves, l'animal n'est qu'une chose, et son caractère d'être sensible n'a rien qui puisse frapper la conscience juridique de son maître.

Le dommage causé à un animal n'en est pas moins réprimé comme atteinte à la propriété par la loi Aquilia, probablement l'un des premiers plébiscites (cinquième siècle de Rome).

La loi Aquilia, dans son premier chapitre, frappe le meurtre des animaux servant à l'exploitation d'un fonds agricole (*pecus*), qu'ils aient été tués ou blessés mortellement, d'une amende s'élevant à la plus haute valeur de l'objet dans l'année qui a précédé le délit.

Dans son troisième chapitre, elle frappe le dommage non mortel causé aux animaux de la classe du *pecus* et le dommage mortel ou non causé à tous les autres animaux domestiques d'une amende qui s'élève à la plus haute valeur de l'animal dans les trente jours qui ont précédé le délit.

L'action legis Aquiliæ présente un véritable caractère de pénalité puisqu'elle peut entraîner pour le défendeur le payement d'une amende privée supérieure à la perte éprouvée par le demandeur dans les deux cas suivants : 1° si l'objet estimé dans l'année ou dans les trente jours qui ont précédé le délit, avait baissé de valeur au moment du délit ; 2° si le défendeur ayant nié le fait reproché à son animal, encourt la condamnation au double. L'action legis Aquiliæ est donc une action mixte, *tam rei quam pœnæ persecutaria*.

La loi Aquilia ne l'accordait qu'au propriétaire de l'animal ; le préteur a étendu cette action à l'usufruitier, à l'usager, mais non au simple créancier.

L'action legis Aquiliæ reproduit donc en somme l'action βλάβης du droit grec ; mais elle est plus étroite, puisqu'elle exige un *damnum injuria corpore corpori datum*, et qu'elle ne serait donnée en raison d'une négligence du défendeur que si cette négligence avait rendu dommageable un acte licite précédemment commis.

Toutefois, au septième siècle Aquilius Gallus a créé l'action de dol qu'on a fini par donner, lorsque le *damnum* avait été causé *non corpori*.

Désormais l'action legis Aquiliæ combinée avec l'action de dol, devint l'équivalent de l'action βλάβης.

Passons au cas de dommage causé par des animaux.

Le droit romain classique connaît deux actions données contre le propriétaire de l'animal : l'action *de pauperie*, en cas de dommage quelconque causé par un animal, et l'action *de pastu*, spéciale au cas de dommage causé par le bétail dans les champs.

Vidons d'abord deux questions préjudicielles qui peut-être n'en font qu'une seule.

1° A l'époque classique, l'action *de pauperie* n'est donnée que si le quadrupède a agi *contrà naturam*. En était-il ainsi, à l'époque de la loi des Douze-Tables ?

Une pareille conception juridique semble aussi contraire que possible à l'esprit du vieux droit romain qui ne reconnaissait aucune espèce de personnalité à l'animal. On peut donc passer condamnation sur ce point, d'autant plus que les textes qui font cette distinction se réfèrent toujours, non à la Loi des Douzes-Tables, mais à des jurisconsultes antérieurs, ainsi que l'a démontré M. Girard.

2° Il semble étrange que la Loi des Douze-Tables ait fait de l'action *de pastu*, une action distincte de l'action de *pauperie*. On invoque en faveur de cette théorie le fr. 14, p. 2. d'Ulpien, au Digeste, *de Præscriptis verbis actio*, 19, 5, ainsi conçu :

« Si glans ex arbore tua in meum fundum cadat eamque ego immisso pecore depascam, Aristo scribit non sibi occurrere legitimam actionem qua experiri possim : nam *neque ex lege Duodecim Tabularum de pastu pecoris* (quia non in tuo pascitur) neque de pauperie, neque damni injuriæ agi posse ».

Mais précisément, le fait d'isoler les mots *neque ex lege Duodecim Tabularum de pastu pecoris* des mots *neque de pauperie*, bien que l'action de *pauperie* tire, elle aussi, son origine de la Loi des Douze-Tables, n'inspire-t-elle pas l'idée que l'action *de pastu* aurait été précisément démembrée de l'action *de pauperie* à l'époque où la règle s'est établie, ainsi que nous l'examinerons plus tard, de ne donner l'action *de pauperie* que contre les animaux agissant contrà naturam.

Quoi qu'il en soit, l'action *de pauperie et pastu* présente cette particularité fondamentale d'aboutir, au choix du défendeur, à la *noxæ deditio*, de l'animal, auteur du dommage, ou à la réparation du dommage causé.

Nous sommes donc là en présence d'une action véritablement noxale, et le moment est venu d'examiner le fondement de la noxalité en droit romain.

Le fait que l'abandon noxal existe dans les actions données à l'occasion des faits dommageables des esclaves et même des fils de famille, a permis à l'école historique de donner pour fondement à la noxalité l'idée de la vengeance

privée. L'action noxale a pour but cette vengeance privée :
le paterfamilias ou le maître est sommé de livrer son fils de
famille, son esclave ou son animal à la vengeance de la
victime irritée; il ne peut se soustraire à cette obligation
qu'en payant une indemnité. Il en résulte qu'une certaine
espèce de personnalité serait reconnue à l'animal lésant;
l'action noxale serait, dans une certaine mesure, dirigée
contre lui, et elle aurait pour but principal, son châtiment.

On invoque, en faveur de cette théorie, deux séries d'arguments, les uns historiques, les autres juridiques.

1° Argument historique. L'abandon noxal existe dans
les rapports entre les sociétés de l'antiquité. Les Romains
lorsqu'ils ne voulaient pas se solidariser avec un de leurs
nationaux, coupable d'une injure causée à un autre peuple, en faisaient à ce peuple l'abandon noxal.

Le fait de l'abandon d'un citoyen coupable envers un
autre peuple est indiscutable; mais il s'agit de savoir s'il y
a là un abandon noxal.

Or, prenons un exemple. Le grand César ayant violé la
parole donnée aux Germains, Caton proposa en plein
Sénat de l'abandonner à ces peuples. On sent bien qu'il ne
s'agit nullement là de donner satisfaction au droit de vengeance des Barbares que les Romains considéraient à peine
comme des hommes. Mais César a pris les dieux à témoin
de sa promesse; César a violé son serment; César attire sur
Rome la malédiction des dieux à moins qu'un acte solennel
ne le déclare exclu de la société romaine. Il y a là un fait

qui ressemble beaucoup plutôt à l'excommunication de l'église catholique qu'à l'abandon noxal des Douze-Tables.

2° Argument historique. Le droit de vengeancé privée existe dans toutes les sociétés primitives. On le retrouve dans les législations scandinaves, germaniques et celtiques de l'antiquité comme chez les peuplades nègres de l'Afrique.

Il est évident que le droit de vengeance privée existait chez les anciens Romains et Grecs comme chez les anciens Scandinaves, Germains et Celtes. Mais, tandis que chez ceux-ci la vengeance s'étend jusqu'aux animaux, je crois que chez les Grecs et les Romains anciens, elle s'arrête aux citoyens. Le Grec comme le vieux Romain se mépriserait de se venger d'une chose brute telle qu'un animal ou même un esclave. Il y a cette différence que le Grec étend la vengeance privée aux fils de famille, puisque la loi de Gortyne exige que le père de famille constitue en cas de délit un pécule à son fils de famille pour lui permettre de répondre à la juste poursuite de l'offensé ; tandis qu'aux yeux du vieux Romain le fils de famille n'est qu'une chose du patrimoine paternel soumise à l'abandon noxal. Que dire alors de l'animal qui, lorsqu'il n'est pas *res mancipi* est à peine considéré par la loi comme ayant une existence individuelle.

Si, au reste, nous comparons attentivement les lois barbares où l'abandon noxal existe avec le vieux droit romain,

nous verrons que la noxalité n'est pas du tout comprise
de la même façon dans ces deux législations.

Ainsi, tandis que, dans le droit romain, le choix entre
l'abandon noxal et le payement de l'indemnité appartient
au propriétaire de l'animal lésant, les lois suédoises et
saxonnes donnent à la victime le choix entre la vengeance
privée à exercer sur l'animal lui-même et la fixation d'une
indemnité que celle-ci impose, exceptionnellement, à sa
guise. Et, ce qui est plus caractéristique encore, c'est que,
tandis que le payement de l'indemnité libère complète-
ment le défendeur en droit romain, les législations scandinaves exigent, en cas de meurtre, et en dépit du payement de l'indemnité, la livraison de l'animal meurtrier à la
victime (V. von Amira, cité par M. Girard, dans les
Actions noxales).

Donc, pas de doute quant à la fixation de la vengeance
privée comme fondement de l'abandon noxal dans les
lois barbares, tandis que, dans le droit romain, la différence profonde dans l'application semble faire présumer
une différence dans les principes.

Il y a plus. Si l'abandon noxal était basé sur l'idée de
vengeance privée, il semble que l'application d'une idée
aussi primitive aurait dû se restreindre avec le développement de la civilisation. C'est justement le contraire qui
s'est produit.

Il est certain que la noxalité, exceptionnelle dans le
droit des Douze-Tables, est devenue générale dans le
droit prétorien. Le préteur a donné comme noxales, une

foule d'actions que le droit civil ne donnait que comme
directes ; telle par exemple l'action *injuriarum*.

Quel serait donc le fondement de la noxalité en droit
romain ?

Suivant nous, l'histoire des actions noxales pourrait
peut-être se résumer ainsi. Au début, nécessité de réprimer dans une société essentiellement agricole les dégâts
commis par les animaux sur les hommes et les autres
animaux, et surtout sur les champs. Alors, on crée l'action *de pauperie et pastu pecoris* qui est une simple
action en dommages-intérêts aboutissant au payement
d'une somme d'argent.

En effet, les actions romaines ne portent jamais condamnation qu'à une somme d'argent, même la reivindicatio
du droit intermédiaire. La revendication primitive, il est
vrai, aboutissait à la mise en possession du demandeur ;
mais c'est parce qu'elle était simplement la reconnaissance du droit de propriété du demandeur. Celui-ci
une fois déclaré propriétaire, se mettait en possession
sans aucune intervention de la part du défendeur. Rien
de semblable dans les actions noxales, où, l'abandon
noxal une fois consenti, il a toujours fallu une *datio* pour
que le demandeur entrât en possession de la chose aban-
donnée, *mancipatio* pour les *res mancipi*, *traditio* pour
le reste. Donc l'action noxale conduit bien en principe
au payement d'une somme d'argent.

Mais alors, par suite de l'amour particulier du Romain
pour le numéraire, une transaction intervient. Il n'est

pas juste que le maître soit obligé de payer par suite du fait d'un animal (ajoutez : d'un esclave ou d'un fils) vicieux qu'il ne pouvait empêcher. On lui accorde de se libérer par l'abandon noxal.

Quoiqu'on puisse en penser, cette théorie cadre bien avec les diverses particularités de l'action noxale.

L'action noxale est donnée contre celui qui a l'animal en sa puissance au moment où elle est intentée, et non contre celui qui l'avait en sa puissance au moment où le fait dommageable a été commis. On en conclut que l'action est dirigée contre l'animal lui-même, et que le maître n'est tenu qu'à l'occasion de la puissance qu'il exerce sur lui. Mais n'est-ce pas plutôt parce que le nouveau maître est certainement propriétaire de l'animal, tandis que la démonstration du droit de propriété de l'ancien maître pourrait donner lieu à des difficultés. Nous verrons la même idée développée avec plus de détails lorsqu'il s'agira d'expliquer pourquoi la litis contestatio fixe la situation des parties. Et il est certain que, en droit, la solution romaine est juste ; car, si on compare la familia de l'ancien propriétaire à celle du nouveau, au moment du procès à l'époque primitive, l'animal qui se trouve dans la seconde familia n'est représenté dans la première évidemment que par un prix inférieur à sa valeur et dont la réduction équivaut aux chances de perte courues par le nouveau propriétaire. On voit que nous ne tenons pas compte du cas où le propriétaire primitif, aurait vendu l'animal en dissimulant le vice rédhibitoire représenté par l'action noxale menaçante ; mais ici, nous sommes d'accord avec le droit primitif qui ignore le dol ou le consacre par mépris pour les dupés.

Et la preuve, c'est que l'action noxale n'est donnée contre celui qui a actuellement la possession que lorsque la chose fait partie réellement de sa familia. Si un esclave avait été donné en gage, prêté ou déposé, l'action furti, à raison d'un vol commis par cet esclave, serait donnée noxaliter par le préteur contre son véritable propriétaire.

Ceci nous conduit à examiner pourquoi l'action noxale est donnée contre le possesseur et non contre le propriétaire. Au début, il n'en était pas ainsi ; et la preuve, c'est que l'action legis Aquiliæ n'a jamais été donnée que contre le propriétaire seul, parce que sa formule, copiée de l'action de la loi, mentionnait formellement le propriétaire. Si on a modifié dans les autres cas cette règle, lors de l'élaboration de la théorie de la possession, c'est parce qu'on a considéré à cette époque que le possesseur était véritablement celui qui avait l'animal dans sa familia ; et peut-être aussi par suite des théories nouvelles sur la personnalité de l'animal, dont il sera question dans une autre partie de cette étude.

En réalité, la grande préoccupation du droit romain est de fixer la familia dans laquelle l'animal se trouve. C'est pour cela que la *litis contestatio* fixe la situation des parties, parce qu'elle détermine la question de potestas. A partir de la litis contestatio, l'aliénation ou la mort de l'animal ne peuvent plus arrêter l'action. On en trouve la

preuve dans le fragment 37, par. 1, au Digeste, ad legem
Aquiliam : ce texte décide que si l'animal a été tué après
la litis contestatio, le propriétaire aura droit à déduire de
l'indemnité à payer l'intérêt qu'il avait à faire l'abandon
noxal, au lieu de payer la *litis œstimatio* ; donc il doit la
litis æstimatio, malgré la mort de l'animal. Et en effet, la
question de propriété étant réglée, il n'y a plus qu'à pro-
noncer la condamnation.

Au contraire, si l'animal est mort avant cette litis contestatio, l'action noxale est éteinte. Pourquoi ! parce que la
question de propriété devient difficile à résoudre. N'est-ce
pas là une raison analogue à celle qui fait prescrire les
actions civiles ou pénales, en raison de la difficulté de
faire la preuve d'un droit ou d'un délit au bout d'un certain temps.

En cas que la mort de l'animal survenant après la litis
contestatio ait été causée par un délit, le propriétaire se
libère en cédant les actions nées du délit, parce que ces
actions sont l'équivalent de l'animal lui-même dans sa
familia.

Autre conséquence du même principe. Si la victime a eu
l'animal en sa puissance, à un moment quelconque entre
le fait dommageable et la litis contestatio, on lui refuse
l'action. Pourquoi ?

On explique cette décision en disant que la victime n'a
plus besoin d'action, puisqu'elle a pu exercer sur l'animal
le droit de vengeance privée. Il est bien possible que cette
doctrine ait été celle des Proculiens, accessibles aux nou-

velles tendances du droit romain, et qui considéraient l'action comme simplement paralysée, étant désormais inutile. Mais les Sabiniens, fidèles à l'ancienne conception juridique, déclaraient l'action éteinte. Et en effet, la victime étant à la fois créancière à l'occasion du fait commis contre elle et débitrice comme succédant aux charges de l'ancien propriétaire, l'action se trouvait éteinte par confusion.

Reste encore à expliquer pourquoi, si l'animal n'est pas défendu, la victime peut l'emmener *jussu prætoris*. On explique encore ceci par l'idée de la vengeance privée qui ne vient plus se heurter au droit du propriétaire. Nous y voyons simplement la nécessité d'indemniser la victime, qui n'a pas d'autre ressource que d'emmener l'animal (ajoutez l'esclave ou le fils de famille).

Il faut cependant reconnaître qu'il y a contre notre théorie un argument juridique d'une très grande force.

On nous dira : Si la théorie du dommage-intérêt était exacte, l'obligation du défendeur à l'action noxale serait purement facultative. L'obligation de payer l'indemnité serait seule in obligatione ; celle de faire l'abandon noxal n'étant qu'in facultate.

Sans doute, à partir de la condemnatio, l'obligation de payer l'amende est seule in obligatione, et on n'a plus le droit de se libérer par l'abandon noxal. Mais il n'en est pas moins vrai que les travaux lumineux de M. Lenel et de M. Girard ont démontré que *l'intentio* de l'action *de pauperie* était alternative.

Cette *intentio*, retrouvée dans le par. 11 du fragment 1, au Digeste, *si quadrupes*, était ainsi conçue :

« Si paret quadrupedem pauperiem fecisse, quamobrem N^m N^m A^o A^o aut noxiam sarcire aut in noxam dedere oportet. »

Mais, il faut convenir que si cette constatation parait gênante pour la théorie du dommage-intérêt, elle ne l'est pas moins pour celle de la vengeance privée ; car, dans cette théorie, c'est l'abandon noxal qui devrait être in obligatione et l'indemnité seulement in facultate.

On explique cette anomalie en disant que, à l'époque de la loi des Douze-Tables, les jurisconsultes ne connaissaient pas encore les subtilités des distinctions juridiques. Au fond, à leur point de vue l'obligation à l'indemnité était seulement facultative ; mais, ne sachant comment formuler cette théorie subtile, ils ont donné à l'obligation du défendeur la forme alternative qui est beaucoup plus simple et conduit en pratique à peu près aux mêmes conséquences.

C'est là évidemment la véritable explication ; mais, si elle peut être invoquée pour la théorie de la vengeance privée, ne pourrait-elle être retournée en faveur de la théorie du dommage-intérêt ? Alors, dans l'esprit des décemvirs, c'est l'abandon noxal qui aurait été in facultate solum ; mais, par indifférence pour les principes, on aurait donné à toute l'obligation la forme alternative.

Deux textes semblent nous faire toucher du doigt cette solution de la difficulté.

Gaïus (IV, 75) nous dit :

« Licet aut litis æstimationem sufferre aut noxæ dedere. »

N'est-ce pas là la formule théorique de l'obligation du défendeur, où l'obligation à l'indemnité passe avant l'obligation d'abandonner la noxia ; et ce qui semble le prouver, c'est que la loi Rubria (ch. XXII) reproduit la même hiérarchie dans les termes.

« Obligatumve se ejus rei noxiaeve esse confessus erit. »

Mais au point de vue pratique, la loi qui sait que l'abandon noxal sera généralement préféré le considère comme le résultat normal de l'action.

« Quod lex voluit aut dari id quod nocuit, id est id animal quod noxiam commisit, aut æstimationem noxiæ offerre. » (Ulpien, fr. 1, pr. Digeste : si quadrupes, 9, 1.)

Ainsi donc, à notre sens, il ne saurait être question d'une responsabilité pénale quelconque de l'animal, même avec la portée particulière que la théorie de la vengeance privée admet dans les actions noxales.

Nous verrons dans une autre partie de cette étude qu'il n'en fut pas d'ailleurs toujours ainsi, et qu'une évolution dans un sens d'idées diamétralement opposées commençait à se manifester dans le droit romain classique, sous l'empire d'influences entièrement différentes de celles qui avaient régi le vieux droit des Douze-Tables.

Section II
Théorie de la quasi-personnalité de l'animal.

Paragraphe Premier
Droit primitif des Perses.

Nous avons terminé l'examen de la première théorie relative aux rapports des animaux avec la loi pénale. Cette théorie était purement subjective, c'est-à-dire qu'elle était basée sur l'impression causée par le fait délictuel sur l'esprit de la société. Elle aboutissait à la non-personnalité de l'animal au point de vue de la loi pénale. En conséquence, on pouvait en déduire, d'une part la non-responsabilité pénale de l'animal en général; et de l'autre, sa non-protection en principe, tempérée parfois, pour des considérations de morale subjective, par des mesures législatives dont notre loi Grammont est le type; d'autres fois remplacée au contraire, pour des motifs de pitié ou de superstition religieuse par une protection égale ou même supérieure à celle de l'homme.

Nous allons aborder maintenant l'examen de la seconde théorie. Celle-ci est basée au contraire sur une conception objective du droit pénal, c'est-à-dire qu'elle envisage le fait délictueux non en raison de l'impression qu'il produit sur l'esprit du public ou du désordre qu'il cause dans la société, mais en raison de l'atteinte qu'il porte à la personnalité de la victime.

Les sociétés qui ont admis cette doctrine étaient en général des sociétés profondément religieuses, et qui professaient des doctrines individualistes. Chez elles, au rebours de ce que nous voyons chez les Hindous, les Egyptiens, les Grecs, les Romains et les sociétés modernes formées juridiquement par l'étude du droit romain, l'individu est plus que la société, parce que le but de sa vie n'est pas la société elle-même, mais la loi mystérieuse que le créateur a assignée à son développement.

Il en résulte que, d'une façon formelle ou indirecte, on admet comme personne tout être susceptible d'un développement physiologique. Les législations dont il s'agit ont donc cédé logiquement à la tendance de reconnaître une quasi-personnalité à l'animal. Elles ont abouti généralement à sa protection et aussi, quoique d'une façon moins générale, à la reconnaissance de sa responsabilité pénale.

Ces quelques réflexions théoriques formulées pour éclairer le sujet, abordons l'examen des textes.

Tandis qu'à l'origine des législations pénales, se rattachant à la première théorie, nous avons trouvé la Loi des Hindous, c'est la Loi des Perses que nous trouvons à l'origine des législations du second groupe.

En effet, tandis que les Hindous ont toujours manifesté une tendance extrême pour la contemplation, les Iraniens ont toujours manifesté au contraire une tendance extrême pour l'action, condition nécessaire pour l'élaboration de la théorie de la personnalité et, par suite, de la conception objective du droit pénal.

Pour le Perse primitif, la vie n'est qu'une lutte des forces saintes créées par Ahura Mazda contre les forces maudites sorties d'Ahriman. Les hommes se répartissent entre les purs, enfants de Dieu et les dévas, enfants de Satan.

Même classification pour les animaux. Les uns, créatures de l'ennemi, doivent être exterminés.

On lit au Vendidad, Fargard 15 :

« Parmi les créatures du mauvais esprit, quelle est la créature mauvaise qui chaque nuit, de l'heure de minuit au lever du soleil, s'en va tuant un millier de créatures du bon esprit? »

Ahura Mazda répondit : La démoniaque tortue...

Et si un homme, ô saint Zarathoustra, tue la démoniaque tortue, cela vaut pénitence pour ses pensées, pénitence pour ses paroles, pénitence pour ses actions.

Les autres animaux, auxiliaires du parfait, sont de véritables personnes, et, par là même, sujets du droit.

Le chien est au premier rang. Nous ne connaissons, de la législation animale des Mages, que celle relative aux sujets de l'espèce chien.

Le fargard 14 énumère les peines de ceux qui maltraitent ces animaux. Les peines sont toujours corporelles. Dans la pratique, elles se transformaient généralement en amendes.

Celui qui a tué un chien vanhâpara (un hérisson) sera

puni de mille coups d'aspaha-ashtra, mille coups de srastro-carana.

Pour le meurtre d'un chien de berger : huit cents coups !

Pour le meurtre d'un chien de garde : sept cents coups !

Pour le meurtre d'un chien errant : six cents coups !

Pour le meurtre d'un chien taurana (un petit chien) : cinq cents coups !

Même peine pour le meurtre d'un jazhu ou d'un vizhû (espèces inconnues), d'une belette, d'un porc-épic, d'un renard, et de tous les animaux du bon esprit de l'espèce chien, excepté pour la loutre aquatique.

Pour celle-ci, comme son utilité par rapport à l'homme est moins sensible, le fargard, dans le dessein de frapper l'imagination, punit son meurtre de pénalités fantastiques soixante-mille dirhims (100.000 francs) d'amende.

Par contre, le chien-loup, créature bâtarde née de l'union impure du chien avec la race maudite du loup, doit être exterminé.

Si nous passons aux pénalités portées contre ceux qui blessent les chiens, nous voyons la loi faire la distinction entre la responsabilité du coupable vis-à-vis du chien, et celle vis-à-vis du maître.

Si un homme frappe un chien de berger ou de garde d'un coup qui le rende incapable, s'il lui coupe l'oreille, on lui tranche le pied, il payera la peine du baodhô-varshtà (mutilation de six doigts).

Mais si, par suite de cette blessure, le chien n'ayant pu

donner l'éveil, le voleur ou le loup pénètrent dans la ferme, mordent (1) et enlèvent, le coupable payera pour le dommage.

Fargard 14 et 15.

Devient Peshotânu :

Celui qui donne à un chien de berger ou de garde des os trop durs, des aliments trop chauds, en sorte qu'il se blesse la mâchoire ou la gorge, deux cents coups ou trois cents istèrs d'amende.

Celui qui poursuit, effraye, bat une chienne grosse et la fait tomber dans un fossé où elle se blesse, deux cents coups.

Celui qui donne de mauvaise nourriture à un chien de berger, deux cents coups ; à un chien de garde, quatre-vingt-dix coups ; à un chien errant, soixante-dix coups ; à un petit chien, cinquante coups. La loi suit, pour les chiens, la même hiérarchie que pour les diverses classes de l'aristocratie humaine.

Enfin, celui qui, ayant sa maison le plus près de l'endroit où une chienne a mis bas ne l'entretient pas, en sorte qu'il advienne du mal aux petits, portera la peine susmentionnée du Baodhô-varshtâ.

Mais le Fargard 14 s'occupe aussi des délits commis par les chiens ; il règle minutieusement la situation des chiens mordeurs (les chiens enragés).

---

(1) Qu'on ne s'étonne pas de voir le voleur mordre comme le loup. Le Zend-Avesta a ici en vue les Dêvas, races ennemies des Iraniens, sauvages, vivant dans les forêts, peut-être des hommes nègres, peut-être même des singes inconnus ?

On doit leur mettre un collier en bois façonné avec une muselière, et on doit les soigner.

Si le chien blesse un mouton ou un homme, il sera puni de la mutilation :

A la première fois on lui coupera l'oreille droite ; — à la seconde, l'oreille gauche ; — à la troisième, on lui fera une entaille au pied droit ; — à la quatrième au pied gauche ; — à la cinquième, on lui coupera la queue (cette dernière punition est une sorte de dégradation, et on suppose qu'elle sera très sensible à l'orgueil aristocratique du chien).

PARAGRAPHE II

Droit mosaïque.

La Bible semble avoir admis la protection des animaux basée sur une quasi-personnalité des animaux.

L'Ecclésiastique (VII, 24) promulgue cette sentence :

« As-tu des bêtes ? Aie soin d'elles. Et si elles sont utiles, qu'elles persévèrent chez toi ! ».

On lit aux Proverbes (XII, 10) : « Le juste se met en peine des bêtes qui sont à lui ; mais les entrailles des méchants sont cruelles. »

Certains textes semblent même incliner à une conception de la quasi-personnalité animale.

Le Psaume XXXV (7) dit : « Vous sauverez, Seigneur, et les hommes et les bêtes, selon l'abondance de votre infinie miséricorde ; » et le Psaume CXLVI (9) : « C'est lui (le Seigneur) qui donne aux bêtes la nourriture qui leur est propre, et qui nourrit les petits des corbeaux *qui invoquent son secours.* »

Et encore l'Ecclésiaste, au ch. III (vers. 18-21) :

« En mon cœur j'ai dit des fils des hommes que Dieu les éprouvait et les montrait semblables aux bêtes. C'est pourquoi la mort est la même pour l'homme que pour les bêtes, et égale leur condition : de même que l'homme meurt, meurent les bêtes ; tous respirent de même sorte, et l'homme n'a rien de plus que la bête. Toutes créatures sont sujettes à la vanité ; et toutes tendent à la même fin. Faites de la terre, elles lui retournent. Qui sait si l'esprit des enfants d'Adam monte en haut, et si l'esprit des bêtes descend en bas ! ».

Le Deutéronome interdit :

De retenir la mère oiselle avec ses petits (ch. XXII, art. 6)

D'attacher la bouche du bœuf mangeant dans son aire (Ch. XXV, art. 4) ;

De lier ensemble pour labourer le bœuf et l'âne (ch. XXII, art. 10).

D'autre part, l'Exode, ch. XXI, règle la responsabilité pénale des animaux.

Art. 28. Si le bœuf a frappé de la corne un homme ou une femme jusqu'à la mort, il sera lapidé, et ses chairs ne seront pas mangées ; mais son maître sera tenu pour innocent.

Art. 29. Si le bœuf est coutumier de frapper de la corne, depuis hier et avant-hier, et que le maître, averti, ne l'ait pas gardé, que le bœuf soit lapidé, et le maître tué (sauf wehrgeld consenti, art. 30).

Art. 32. Si le bœuf attaque un esclave ou une servante, le maître (dans les conditions de l'art. 29) donnera trente sicles d'argent, et le bœuf sera lapidé.

Art. 35. Si un bœuf blesse un autre bœuf, et que celui-ci meure, les deux maîtres vendront le bœuf vivant et partageront le prix ; et ils partageront entre eux le cadavre du bœuf mort.

Art. 36. Mais si le maître savait que son bœuf est coutumier de frapper de la corne depuis hier et avant-hier, et s'il ne l'a pas gardé il rendra bœuf pour bœuf, et prendra le cadavre entier.

L'hypothèse des deux derniers textes est très curieuse. On suppose qu'il y a eu un véritable duel entre les deux bœufs, duel conforme à leur nature, et dans ce cas, le bœuf vainqueur n'encourt aucune responsabilité pénale. Pour le maître, on distingue. Si le bœuf n'était pas coutumier de frapper de la corne, comme le bœuf tué a pu être l'agresseur, on ne l'oblige qu'à partager la valeur du bœuf vainqueur avec l'autre maître qui lui fait part à son tour de la valeur du cadavre. Mais si le bœuf vainqueur était certainement l'agresseur, il y a un abandon noxal analogue à celui de la loi grecque de Gortyne.

Paragraphe III

Droit germanique.

Les sociétés germaniques et scandinaves ont édicté tout un système de peines contre ceux qui maltraitent les animaux.

Le Codex Antiquior de Vestrogothie (édition Ludovic Beauchet, 1889), classe au nombre des nipingsvaerks, c'est-à-dire des crimes qui ne peuvent être expiés par une amende, le fait d'abattre le bétail d'autrui (VI, 9). Il est bon de noter ici que sont déclarés nipingsvaerks les crimes, non en raison de leurs conséquences, mais de la lâcheté qu'ils dénotent chez l'auteur. Ainsi sont classés dans le même ordre de crime, le meurtre d'une personne hors d'état de se défendre (id., 6), ou une femme (id., 6), ou un convive (id., 8). Il semble donc bien que ce soit plutôt le fait, de tuer des êtres sans défense qui soit considéré ici que le dommage causé au propriétaire.

Il y a fœarfoling seulement, dans le cas du livre IX, ch. VIII, et, par comparaison avec le texte précité où il s'agit également d'animaux tués, les commentateurs ont supposé qu'il s'agissait d'animaux surpris sur un fonds et que le propriétaire de ce fonds tue isolément. En cas de fœarfoling, le coupable doit payer le double de la valeur de la bête, si cette bête vaut moins de deux œres ; si l'animal tué vaut deux œres ou plus de deux œres, l'amende est de trois fois seize orthugs.

Il semble que, dans le cas où il s'agit de certains animaux privilégiés, la loi, en dehors de la réparation du préjudice causé, entend imposer une sorte d'amende, pour la violation du principe de la quasi-personnalité animale.

Si un animal meurt en tombant dans un ouvrage fait de main d'homme, celui qui a fait l'ouvrage doit payer six œres pour un cheval, un demi-mark pour un bœuf, une vache ou une jument (Id. IX, 1.)

Même sentence si l'animal se tue accidentellement en fuyant devant le propriétaire. (Id., id., 2.)

Si quelqu'un mutile un cheval, lui enlève les crins de la queue, ou lui crève un œil, il payera un œre d'amende.

La loi Salique (Lex Emendata, édition Pardessus, ch. X et XL) punit les mauvais traitements infligés aux animaux même s'ils sont surpris causant du dommage dans un champ. L'amende est de XV solides si les animaux ont survécu aux mauvais traitements, de XXX s'ils y ont succombé ; s'ils sont surpris dans un champ, le propriétaire du champ doit les enfermer et prévenir le maître des animaux.

Si quelqu'un cause du dommage à un animal par sa négligence (ch. X, 6 et 7), il doit rendre un animal sain au propriétaire et garder pour lui l'animal blessé ; s'il a nié le fait et qu'il soit convaincu de mensonge, l'amende sera de XV solides.

La loi Gombette (ms. du Vatican, éd. Valentin-Smith, ch. LVIII) punit d'une amende d'un solide, le meurtre d'un chien.

Passons aux méfaits commis par les animaux.

La loi de Vestrogothie (livre II, ch. XV, 3), en cas d'homicide commis par un animal, condamne le maitre à payer trois marks d'amende (même amende pour l'homi cide commis par un homme, si cet homme n'est condamné que par la tylpt paternelle. (Id III, 2.)

En cas de blessure causée par un animal (livre IV et V), l'amende est de deux œres pour la blessure et de trois œres pour les frais de médecins (à moins que le blessé ne puisse prouver par le serment d'une tylpt qu'il a donné un demi-mark au médecin.

Le livre XIII s'occupe des dégâts commis dans les champs par les animaux. Le propriétaire payera une amende de trois fois seize orthugs ou se justifiera par le serment d'une tylpt (ch. VI, par. 2 et 3.)

La loi Salique en cas d'homicide commis par un animal, dans le cas où le maitre n'avait point observé les mesures de police qui obligeaient probablement à tenir les animaux à la corde, porte (ch. XXXVIII) :

« Si quis homo a quolibet pecude domestico fuerit occisus, et haec parentes illius potuerint testibus comprobare quod dominus pecudis antea legem non adimpleret, medietatem compositionis dominus ipsius quadrupedis cogatur exsolvere ; ipsum vero quadrupedem, qui est auctor criminis, pro medietate compositionis, restituat requirenti, eo videlicet modo si dominus quadrupedis non intellexerit secundum legem se defendere. »

Pour les dommages causés aux champs par les animaux

(ch. **X**), le maitre doit payer une amende de **XV** solides, s'il n'y a pas eu mauvaise intention de sa part (8) ; mais s'il y a eu mauvaise intention, il devra réparer le dommage et payer une amende de **XXX** solides.

La loi Gombette, en cas de meurtre commis par les animaux, soit sur des hommes, soit sur d'autres animaux, décide ainsi (Id. **XVIII**) :

« Si quocumque animal quolibet casu ant morsu canis homini mortem intulerit, jubemus etiam inter burgundiones antiquam exinde calumpniam removere quia quod casus operatur, non debet ad dampnum ant inquietudinem hominis pertinere.

« Ita ut si de animalibus subito caballus caballum occiderit, ant bos bovem percusserit, ant canis momorderit, ut debilitetur ipsum animal ant canem per quem dampnum videtur admissum, tradat illi qui dampnum pertulit. »

Les lois des Ripuaires et des Frisons formulent une théorie curieuse de l'abandon noxal. Elles libèrent le maitre de l'animal, si l'abandon noxal est fait au moment où le maitre a connaissance du délit de l'animal ; mais ce moment passé, le maitre est censé prendre sur lui la responsabilité pénale de son animal et ne peut plus se libérer par l'abandon noxal.

Mentionnons enfin que les lois de l'Ecosse font une application curieuse du principe de la responsabilité de l'animal basée sur l'examen du *jus naturale*. Si un taureau tue une vache ou un veau, si un cheval tue une jument, l'amende du maître est égale au montant du dommage. Mais si un taureau en tue un autre (idée du duel, comme dans l'Exode), ou si une jument tue un étalon, l'amende du maître n'est plus égale qu'à la moitié du dommage (1).

(1) Cf. GIRARD : *Les actions noxales.*

CHAPITRE II

DE L'EMPIRE ROMAIN AUX TEMPS MODERNES

SECTION PREMIÈRE

Droit gréco-romain classique.

Il est vraisemblable que le système perse fut également celui adopté par les Phéniciens. L'histoire des lions crucifiés par les Carthaginois, et popularisée par la littérature et les arts, semble renouveler la doctrine des Mages contre les races animales maudites.

Ce qui est certain, c'est qu'au fur et à mesure que le monde gréco-romain est entré plus intimement en contact, avec l'Orient, ou l'Afrique carthaginoise, l'idée de la quasi-personnalité de l'animal a commencé à se glisser dans la législation pénale.

Montesquieu, dans l'*Esprit des Lois* (liv. V, chap. XIX) nous rapporte qu'un aréopagite fut condamné par l'Aréopage pour avoir tué un moineau qui, poursuivi par un épervier, s'était réfugié dans son sein, et qu'un enfant

fut condamné à mort par le même tribunal pour avoir
crevé les yeux à son oiseau.

Ce qui est plus sérieux, c'est l'évolution de l'action
romaine de pauperie à l'époque du droit classique.

A la fin de la République, Q. Mucius Scévola (fr. 1,
par. 11, au Digeste, si quadrupes, 9, 1), dans le cas d'une
rixe survenue entre deux taureaux, formule une règle à
peu près analogue à celle du droit mosaïque. Si le taureau
tué a été l'aggresseur, le propriétaire n'aura pas l'action
de pauperie, tandis que Scévola la lui donne si son taureau
a été attaqué.

Il semble bien qu'à partir de ce moment la quasi-personnalité de l'animal joue un rôle certain dans l'action de
pauperie.

Bien plus, au fr. 1, par. 6, du digeste, h. t., on décide
que l'animal qui agit sous l'empire d'une excitation étrangère ne commet pas de pauperies. Par contre (fr. 1, par. 8
au Digeste, h. t.), si le provocateur est un animal, il commet une pauperies, absolument comme un homme, dans
les mêmes conditions, commettrait le *damnum legis aqui-
liae*.

Ainsi, l'action de pauperie n'est plus donnée, lorsqu'on
peut invoquer en faveur de l'animal une circonstance
atténuante manifeste.

Il ne restait plus qu'à décider que la responsabilité de
l'animal était dans tous les cas la base de l'action de pauperie.

C'est ce que firent les jurisconsultes romano-phéniciens

de l'époque des Sévères, lorsqu'ils décidèrent, contrairement à l'esprit des Douze-Tables, que l'action de pauperie ne serait plus donnée que lorsque l'animal aurait agi contrà naturam.

On a même essayé de formuler en quoi consistait la nature des animaux. Si cette entreprise avait réussi, la quasi-personnalité de l'animal, basée sur la loi de son développement physiologique était admise par le droit romain.

Justinien, renouvelant la tradition des Sévères a essayé au titre II des Institutes, d'établir le droit des animaux.

« Jus naturale est, quod natura omnia animalia docuit. Nam jus istud non humani generis proprium est, sed omnium animalium quæ in cœlo, quæ in terra, quæ in mari nascuntur. Hinc descendit maris atque feminæ conjugatio, quam nos matrimonium appellamus ; hinc liberorum procreatio et educatio, videmus etenim cetera quoque animalia istius juris peritia censeri. »

Mais le texte précité demeure une déclaration de principes isolée du reste de l'ouvrage et vide de sens pratique.

Section Deuxième

Le Christianisme et l'Islamisme.

Le christianisme ne pouvait que reprendre en la développant, la théorie de la personnalité universelle.

Nous citerons trois textes du Nouveau Testament qui formulent cette théorie de la quasi-personnalité des animaux, d'où sont sorties les théories pénales plus récentes sur cette matière. Deux concernent le dogme de la création, le troisième, celui de la rédemption.

Dans saint Matbieu, au ch. VI, verset 26, dans le sermon de la Montagne, qui est comme la loi fondamentale du christianisme, le Christ dit :

« Considérez les oiseaux du ciel. Ils ne sèment, ni ne moissonnent ; ils n'ont ni cellier, ni grenier. Cependant Dieu ne laisse pas de les nourrir. »

Et dans saint Luc où il répète cette maxime, au ch. XII, verset 24, il la renforce encore aux versets 6 et 9 du même chapitre :

« N'est-il pas vrai que cinq passereaux valent deux oboles ? Et pas un seul n'est en oubli devant Dieu... Ne craignez donc point.

« Vous valez beaucoup mieux qu'une infinité de passereaux. »

Il y a ici comparaison certaine de la personnalité de l'homme avec celle de l'animal.

Mais un texte bien plus formel est celui de l'Epitre aux Romains, ch. VIII, verset 19-22.

19 : « Nam expectatio creaturæ revelationem filiorum Dei expectat » ainsi commenté par Cornelius a Lapide. »

«Et optime creatura hic proprie accipitur. Nam vers. 22 opponitur hominibus et filiis Dei. Ita Saint-Chrysostome, Théodoret, Théophylacte, Œumène, Ambroise, Hilaire.»

20 : « Vanitati enim creatura subjecta est non volens, sed propter eum qui subjecit eam in spe — sub spe libera-

tionis et commutationis in melius in communi hominum rerumque omnium resurrectione et renovatione, » d'après Cornelius a Lapide.

21 : « Quia et ipsa creatura liberabitur a servitute corruptionis in libertate gloriæ filiorum Dei.

22 : « Scimus enim quod omnis creatura ingemiscit, et parturit usque adhùc. »

Le Koran, inspiré de l'Evangile, formule le même principe.

Ch. VI, verset 38 : « Les animaux qui couvrent la terre, les oiseaux qui traversent les airs sont des créatures comme vous. Tous sont écrits dans le livre. Ils reparaîtront devant lui (id. ch. XI, verset 8 : ch. XXIV, vers. 41 ; ch. XXIX, vers. 61 ; ch. XXX, vers. 26).

Le ch. X, au verset 96, nous montre à la fois la peine de celui qui a tué un animal domestique, et les efforts de Mahomet pour restreindre le droit de chasse, dans l'intérêt des animaux.

« O croyants, ne tuez pas d'animal à la chasse pendant le pèlerinage de la Mecque. Celui qui violera cette défense sera puni comme s'il avait tué un animal domestique. Deux hommes équitables d'entre vous le jugeront : il sera condamné à envoyer un présent au temple saint, à nourrir des pauvres, ou à subir un jeûne, afin qu'il sente la peine de sa faute... »

SECTION TROISIÈME

Le droit du moyen-âge

Le droit du moyen-âge a été soumis doublement à la théorie de la quasi-personnalité de l'animal et par l'influence des nations barbares qui firent la conquête du monde romain, et par l'influence de l'Eglise catholique.

Rien n'est plus difficile à démêler que l'esprit juridique d'une société aussi complexe et aussi passionnée que celle du moyen-âge. Aussi ne faut-il négliger aucun moyen de renseignement.

Citons d'abord un fait très curieux mentionné par M. Franklin dans son ouvrage sur les animaux au moyen-âge. En 1155, le comte palatin Hermann, ayant été convaincu de félonie, fut promené durant un mille, portant, ainsi que ses dix complices, un chien sur ses épaules. Ce fait n'est nullement isolé dans le droit pénal du moyen-âge, et cependant les explications qu'en donnent les jurisconsultes sont fort confuses. N'y aurait-il pas là simplement l'application d'une idée très particulière, celle de la déchéance de la personnalité humaine tombée, par suite de son crime, au-dessous de celle du chien ? Et n'est-ce pas là un argument en faveur de la théorie de la quasi-personnalité de l'animal ?

Le droit du moyen-âge protège-t-il les animaux ? On trouve des dispositions ecclésiastiques isolées, comme le statut synodal d'Arras qui prescrit pour les animaux quatre-vingt-deux jours de repos par an (xiiie siècle).

Mais il ne faut pas oublier que l'esprit juridique du moyen-âge n'a été la plupart du temps codifié qu'à une époque relativement moderne. L'esprit juridique du moyen-âge n'a jamais pris que la forme d'une opinion et, en ce sens, les enseignements de l'Eglise du moyen-âge valent des textes législatifs. Saint Bernard et saint François admettent sans difficulté la personnalité des animaux.

Geoffroy, abbé de Clairvaux, nous enseigne que saint Bernard réprouvait absolument la chasse. « Contigit enim aliquotiès ut, iter agens, fugientem, et (ut videbatur) protinus capiendum, vel lepusculum a canibus, vel aviculum ab accipitribus, signo crucis edito mirabiliter liberaret, diceretque sequentibus frustrà sese conari, nec ullatenus, se præsente, ejusmodi exerce posse rapinam. »

Saint Bonaventure est plus explicite encore pour François d'Assise (ch. viii, par. 109) : « Consideratione quoque primæ originis omnium abundantiori pietate repletus, creaturas, quantumlibet parvas, Fratris vel Sororis appellabat nominibus, pro eo quod scribat, eas unum secum habere principium. »

De là son respect pour la vie des animaux qui allait jusqu'à écarter de son chemin les vers de peur de les écraser.

Et qu'on ne dise pas que de pareilles doctrines n'ont laissé aucune trace dans le droit positif du moyen-âge.

Il y a au moyen-âge toute une série de faits juridiques

dont il n'est pas aisé de rendre compte au premier abord, et qui paraissent appartenir plutôt au domaine de la légende ou de l'historiette pittoresque qu'à celui de l'histoire du droit. Ce sont les excommunications de bestioles nuisibles. Rien cependant n'est plus certain. Depuis le commencement du xı^e siècle, jusqu'à la moitié du xvııı^e siècle, on trouve un usage courant de ces sortes de procédures. Le 15 novembre 1731, les registres du conseil municipal de Thonon portent encore : « Item, a été délibéré que la ville se joindra aux paroisses de cette province qui voudraient obtenir de Rome une excommunication contre les insectes et que l'on contribuera aux frais au prorata. »

Il s'agit donc d'un acte juridique normal et courant.

Bien plus, des personnages graves s'occupent de ces questions.

Au xvı^e siècle, Barthélemy Chassanée (1531-1588), depuis premier président au parlement de Provence, dans ses *Concilia D. Bartholomei a Chassaneo*, consacre la première de ses consultations aux procès de ce genre, sous ce titre : De excommunicatione animalium insectorum.

Au xvıı^e siècle, Gaspard Bally, avocat à Chambéry, publie en 1668 « Traité des Monitoires, avec un plaidoyer contre les insectes, pas spectable, Gaspard Bally, advocat au souverain sénat de Savoye. »

Examinons la procédure suivie en pareil cas, et essayons d'en dégager les principes, et le but, sans négliger aucun détail.

Précisons bien tout d'abord que la procédure s'engage par une requête collective des habitants de telle localité devant l'autorité diocésaine, en général.

En 1545, et en 1587, les syndics de Saint-Jean-de-Maurienne comparaissent devant le juge de l'official de l'évêque, pour demander jugement contre les Amblevins ; en 1690, les habitants de Pont-du-Château, en Auvergne, désolés par les chenilles, s'adresssent à l'évêque de Clermont.

Supposons tout d'abord que l'autorité religieuse admette la requête. On cite les bestioles à comparaître, suivant les formes du droit.

Le Foelicis Malleoli, tractatus 1, de Exorcismis raconte : « Aux environs de la ville de Coire, il y eut une irruption subite de larves.

« Or, les habitants firent citer ces insectes destructeurs au moyen de trois édits consécutifs. »

Et, le tractatus II. « Les scarabées désolaient le district de Coire. Ils furent cités par édit public. »

Comment se faisait cette citation ? Au procès de 1451, intenté par les habitants de Lausanne contre les sangsues du lac de Genève, on envoya un huissier qui fit trois citations sur les bords du lac. Cette formalité était très rigoureuse. Chassanée, dans son plan de plaidoyer pour les rats du diocèse d'Autun, exige que tous les curés d'Autun participent à la citation.

La citation faite, on nomme un syndic pour représenter les bestioles.

Au procès de Saint-Jean-de-Maurienne contre les Amblevins, en 1545, les Amblevins étaient représentés par le
procureur Pierre Falcon et défendus par l'avocat Claude
Morel ; en 1587, ils étaient représentés par Antoine Filliot,
et défendus par spectable Pierre Rembaud.

Malléolus, sur les procès de Coire, tractatus I écrit : « Ils
leur (aux larves) constituèrent un avocat et un procureur » : Tractatus II. « Comme au jour fixé, ils (les scarabées) firent défaut, le juge, prenant en considération
leur jeune âge et l'exiguité de leur corps, et pensant qu'ils
devaient jouir des bénéfices que la loi accorde aux mineurs,
les pourvut d'un curateur. »

Ici, nous commençons à toucher du doigt l'esprit de la
procédure. Toutes ces procédures compliquées, bizarres,
tranchons le mot, puériles, n'auraient-elles pas d'autre but
que d'inculquer aux âmes frustes et brutales du moyen-
âge, le respect de la vie animée, sous quelque forme qu'elle
se présente. ?

Mais, continuons l'examen de la procédure.

Les avocats des bestioles déposent des conclusions, font
des plaidoiries et il est très intéressant d'examiner les
arguments présentés de part et d'autre.

Dans le procès de St-Jean de Maurienne contre les
Amblevins, en 1587, François Fay, avocat des Syndics,
déclare que c'est en considération de l'homme et eu
égard à l'utilité qu'il peut en retirer que les animaux ont
été créés.

Voyons les arguments de l'avocat des Amblevins (plaidoirie du 6 juin : de Actis scindicorum communitatis Sancti Julliani agentium contra Animalia bruta ad formam Muscarum, volantia, coloris viridis, communi voce appellata Verpillions seu Amblevins.)

La Genèse, suivant lui, nous apprend que les animaux ont été créés avant l'homme : « Producat terra animam viventem in genere suo, jumenta et reptilia et bestias terræ secundum species suas... » et ailleurs : « Benedixitque illis Deus et aït : crescite, et multiplicamini, et replete aquas maris ; avesque multiplicentur super terram. » Ce que Dieu n'eût certainement pas dit, s'il n'eût voulu donner aux animaux les moyens de subsister. Or, il est également ment prouvé par les Livres Saints que les végétaux sont aussi bien la nourriture des bêtes que celle de l'homme : « Ecce dedi vobis omnem herbam ut sit vobis in escam et cunctis animantibus terrae. » Vainement, objecterait-on que la Providence a soumis les animaux à l'homme. Les Amblevins n'ont usé que du droit qui leur compétait ; ils se sont conformés au droit naturel.

Voilà donc le jus naturale de Justinien qui n'avait été, dans le droit romain, qu'une phraséologie vaine, invoqué pour appuyer des actes de droit.

Nous retrouvons cette notion dans le procès de Coire contre les Scarabées, dans Malléolus, tract. II, plus nettement formulée encore : « Le curateur chargé de les défendre, parvint à démontrer que ses clients, étant créatures de Dieu, et se trouvant en possession immémoriale du droit de vivre surles terres désignées au procès, on ne pouvait les obliger à déguerpir...»

A noter enfin, les instructions de l'évêque de Lausanne, au plébain de Berne dans le procès de 1451 contre les sangsues.

« Le plébain avertira les dites sangsues, tant celles qui seront présentes que les absentes, d'abandonner les lieux qu'elles ont *témérairement* envahis...»

Ces trois textes se complètent pour former une théorie. Il faut, pour permettre l'instance contre les bestioles, un changement de situation qui soit une violation démontrée du droit naturel.

Il arrive que l'autorité judiciaire fasse droit aux défenses présentées en faveur des bestioles, et consacre la théorie de leurs avocats.

Le 8 mai 1546, le vicaire général de l'évêque de Maurienne rend la sentence suivante en faveur du droit des Amblevins.

« Comme ainsi soit que Dieu, auteur suprême de ce qui existe, a permis que la terre produisit des fruits et des végétaux, non seulement afin de nourrir les hommes, mais pour la conservation même des insectes..., il ne serait nullement convenable d'agir avec trop de précipitation contre les animaux qui se trouvent actuellement en cause : mieux vaut en l'état que nous recourions à la miséricorde céleste, et implorions le pardon de nos péchés.» Suit le détail des prières prescrites.

Même décision du grand-vicaire de l'évêque de Clermont au sujet des chenilles de Pont-du-Château, en 1690.

Mais l'autorité religieuse peut au contraire procéder à une condamnation des bestioles. Quels sont la forme et l'esprit de la condamnation ?

En voici la formule :

« Monemus igitur in his scriptis animalia prædicta, sub pœnis maledictionis et anathematisationis, ut, infra sex dies, a territorio hujus loci discedant... quod si huic nostræ admonitioni non paruerint, ipsa anathematizamus et maledicimus... »

Ce n'est pas là une formule d'excommunication. Au fonds, l'excommunication des animaux est impossible, puisque l'excommunication doit avoir pour effet de retrancher le baptisé de la communion de l'Eglise ; et que les animaux ne pouvant être baptisés ne font point partie de l'Eglise.

En réalité, les sentences dont il s'agit, contiennent deux parties, l'une, constatant la violation du droit naturel, commise par les bestioles ; la seconde, les *menaçant* de la malédiction.

La formule des instructions de l'évêque de Lausanne au plébain de Berne le démontre manifestement. Il y aura lieu à deux sentences : l'une de droit, rendue par le plébain, juge civil, « avertir les dites sangsues, d'abandonner les lieux qu'elles ont témérairement envahis, et de se retirer là où elle soient incapables de nuire, leur accordant à cet effet trois jours pleins », l'autre, rendue par l'autorité ecclésiastique.

« Et ce, sous la clause que, passé ce terme, elles encourront la malédiction de Dieu et de sa céleste cour. »

Ce qui le prouve bien plus clairement, c'est que ce n'est pas toujours l'autorité religieuse, fait capital, qui est saisie du litige. Aux procès de Coire : contre les larves. « Les habitants firent citer ces insectes devant le tribunal provincial... » ; et contre les Scarabées. « Ils furent cités par édit public à comparaître devant le magistrat provincial. »

Enfin, et ceci lève tous les doutes (Dulaure, Description des principaux lieux de la France, t. v, p. 444), dans l'affaire de 1690 contre les chenilles. « Le grand-vicaire s'étant contenté de prescrire des prières publiques, le peuple s'adresse au bailli qui enjoint aux malignes bêtes de quitter les fonds cultifs... ».

Cette constatation semble brouiller les idées sur la matière ; elle les éclaire au contraire. On n'a voulu voir dans les procédures de ce genre que des monuments de la superstition religieuse ; en fait, il y a là simplement application du jus naturale.

S'il est admis que les bestioles ont violé ce droit, tout est dit.

Dans le procès de Lausanne contre les sangsues, il leur est enjoint d' « abandonner les lieux qu'elles ont témérairement envahis, et de se retirer là où elles soient incapables de nuire ».

Mais si le droit naturel n'a pas été violé ! C'est alors

qu'intervient une transaction qui montre bien l'esprit de toute la procédure.

Dans le procès de Coire et de Constance contre les larves (Malléolus, tract. 1) on lit : « Finalement le juge, considérant que les dites larves étaient créatures de Dieu, qu'elles avaient droit de vivre ; qu'il serait injuste de les priver de subsistance, les relégua en une région forestière et sauvage, afin qu'elles n'eussent plus désormais prétexte de dévaster les fonds cultifs. »

Et dans celui de Coire contre les scarabées (Malléolus, tract. II) : « Le curateur parvint à démontrer, qu'on ne pouvait les obliger à déguerpir qu'en leur fournissant ailleurs une localité convenable. »

Ce n'est nullement là une simple phraséologie, car Hemmerlein continue ainsi : « Et aujourd'hui encore, les habitants de ce canton passent chaque année un bon contrat avec les scarabées et abandonnent à ces insectes une certaine étendue de terrain. »

On voit de même au procès de Maurienne contre les Amblevins que, le 23 juin 1587, l'assemblée générale de Maurienne décide d'offrir aux Amblevins « place et lieu de suffisante pasture hors les vignobles de Saint-Julien, afin qu'ils en puissent vivre pour éviter de manger ny gaster las vignes, dans un endroit connu sous le nom de la Grand'Feisse, contenant environ cinquante sétérées peuplées de plusieurs espesses de bois, plantes et feuillages, outre l'erbe qui y est en assez bonne quantité. »

Les habitants se réservent le droit de passage sur ce terrain « sans causer touttefoys aulcung préjudice à la pasture desdits animaux ».

Il y eut même une expertise pour laquelle les experts touchèrent trois florins.

Enfin, dans le procès de 1690, le bailli enjoint aux malignes bêtes de se retirer en un petit pasquier où *il fut dit qu'elles pourraient désormais vivre à leur guise.*

Qu'on note ces derniers mots. Ils renferment toute la clef du problème. Une fois la sentence rendue, les habitants ont mis le droit de leur côté. Désormais, les bestioles n'ont plus le droit de vivre que sur le terrain concédé. S'il y a lieu, une décision de l'autorité religieuse les déclarera hors la loi. Et les habitants procéderont contre les récalcitrants à un massacre général.

Ce massacre est en définitive le but final de la procédure, seulement l'esprit profondément religieux des populations du moyen âge craignait, en procédant à l'extermination des créatures de Dieu, sans droit, d'encourir la malédiction céleste.

Mettre les bestioles dans leur tort, puis les exterminer, voilà ce qu'on prétend avec toutes ces formules. Et ce qui le prouve, c'est la conclusion des vieux jurisconsultes.

On a dit un peu légèrement que les auteurs s'étaient dispensés de nous parler de l'efficacité des procédures. C'est une erreur ! Hemmerlein est très formel.

On peut s'en rendre compte en lisant le compte rendu du procès de Coire, dans le Malleoli, tractatus I. « Le juge les relégua dans une région forestière et sauvage. *Et ainsi fut fait* » et également dans le tractatus II : « Et aujourd'hui encore les habitants abandonnent aux insectes une certaine étendue de terrain, si bien que les scarabées s'en contentent, et ne cherchent point à sortir des limites convenues. » Rien de plus naturel. On exterminait les bestioles dans tout le canton, sauf sur un seul terrain. Leur instinct les a conduites à s'y réfugier d'une manière permanente.

Un seul point reste à expliquer. C'est le délai imparti aux bestioles avant la malédiction et l'extermination, et qui paraît bien puéril. On trouve là une idée purement religieuse. Dieu, pris à partie, doit inspirer aux bestioles l'instinct d'évacuer les fonds cultifs. Si elles ne le font pas, c'est qu'elles montrent manifestement qu'elles agissent sous l'inspiration satanique. Désormais, il n'y a plus lieu qu'à la croisade.

Les procédures du moyen âge contre les bestioles sont l'application la plus extrème qui ait jamais été faite de l'idée du jus naturale.

Par contre, le moyen âge a admis la responsabilité pénale de l'animal.

Guy Pape, dans ses décisions du parlement de Grenoble (décision 238), porte : « Si animal brutum delinquat, sicut quandoque faciunt porci qui comedunt pueros, an debeat mori? dic quod sic. »

Et Jean Duret (Traité des peines et amendes) : « Si les bestes ne blessent pas seulement, mais tuent ou mangent, comme l'expérience l'a démontré ès petits enfants mangez de pourceaux, la mort y eschet, et les condamne-t-on à estre pendues et estranglées, pour faire perdre mémoire de l'énormité du faict. »

Sic : Boerius (Decisiones aureæ parlamenti Burdegalensis, déc. 316, n° 3, 4 et 6); Bouchet (Bibliothèque où trésor du droit français, Bestail) ; Bernard de la Roche-Flavin (Arrests notables du parlement de Toulouse, livre III, titre II) ; Papon (La jurisprudence de Guy-Pape, liv. IV, sect. 8, art. 14); Chorier (Recueil d'arrests notables, liv. IV) ; Boniface (Dictionnaire des arrests, bestail) ; Brillon (Traité des matières criminelles 1ʳᵉ partie, ch. II, distinct. 8); Rousseau de Lacombe (Traité des matières criminelles, 1ʳᵉ partie, ch. II, sect. 1, dist. 8).

Mêmes peines sont portées contre l'animal en cas de crime de bestialité : « propter delicti atrocitatem, et facti memoriam. »

Il y a peut-être une distinction à faire entre les deux cas. Lorsqu'il s'agit d'un meurtre commis par l'animal, il est évident que cet animal, ayant agi contrà jus naturale, doit périr légitimement. Si la justice n'intervenait pas, il périrait quand même sous la vindicte populaire, mais tumultuairement et sans droit. On le juge pour affirmer son droit à n'être mis à mort que secundum jus. Il est permis du moins de le supposer, rapprochant les procès individuels d'animaux des procès d'insectes.

En 1266, par ordre des officiers de justice du monastère de Sainte-Geneviève' « un porcel » est « ars » à Fontenay-aux-Roses pour avoir mangé un enfant.

En 1386, par sentence du juge de Falaise, une truie qui

avait mutilé et tué un enfant est mutilée et pendue en habit d'homme. Ne semble-t-il pas que ce dernier détail nous montre le désir de faire comprendre au peuple que, hors les cas de mise à mort d'un animal secundum jus naturale, comme par exemple peur s'en nourrir, il ne doit être mis à mort qu'avec toutes les formalités qu'on emploie pour la mort d'un homme.

En 1457, une truie qui, aidée de six petits cochons, « avait commis et perpétré meurtre et homicide en la personne de Jehan Martin, en aaige de cinq ans, fils de Jehan Martin, fut condamnée par le juge seigneurial de Savigny à estre confisquée à la justice pour estre mise à justice et au dernier supplice, et estre pendue par les pieds derrière à ung arbre. »

Mais ce qui est important dans cette affaire, c'est ce qui fut décidé pour les petits pourceaux. « Pour ce qui n'appert aucunement que iceuls coichons ayant mangiés dudit Jehan Martin, combien que aient estés trovés ensanglantés, l'on remet la cause d'iceulx coichons aux autres joürs, et avec ce l'on est content de les rendre et baillier audit Jehan Bailli (leur propriétaire) en baillant caucion de les rendre s'il est trové qu'ils aient mangiers dudit Jehan Martin…». La solution vaut la peine qu'on s'y arrête un instant. On convient généralement, d'après l'opinion du philosophe Th. Reid, que les supplices d'animaux avaient pour objet d'inspirer au peuple le respect de la vie humaine. Si cette théorie est vraie, il semble bien qu'on devrait dans ce cas mettre à mort les pourceaux qui ont

certainement pris part à l'homicide, puisqu'on les a trouvés ensanglantés. Mais le juge de Savigny se réfère à une
autre idée.

La participation des pourceaux à l'homicide est excusée
par l'exemple de leur mère ; d'autre part, ils n'ont pas agi
contra jus naturale, puisqu'ils n'ont pas mangé de chair
humaine. Ils doivent donc être absous. Cependant, si on
les rend purement et simplement à leur propriétaire, il est
bien probable que la vindicte populaire les exécutera, ce
qui ne doit pas être, puisqu'ils sont sous la main de la
justice. C'est pour cela qu'on exige de leur maître une caution. Dans l'espèce, le maître refusa de payer caution et
les petits cochons furent confisqués à la justice de Savigny
« comme biens vaccans », spécifie la sentence.

En 1499, par décision du bailli de l'abbaye de Josaphat,
près Chartres, un cochon fut condamné à mort pour avoir
tué un enfant. Ce jugement mentionne la signification de
l'arrêt faite à la personne du cochon dans sa prison. Ce
formalisme n'est absurde qu'en apparence ; il est destiné
non à sauvegarder les droits du cochon, mais à frapper
l'imagination du peuple et à lui inspirer le respect des créatures de Dieu.

Les procédures de ce genre sont innombrables, et toutes
reflètent le même esprit. Qu'il nous suffise de citer, à propos de l'exécution d'un porc à Pont-de-l'Arche en 1401, la
note présentée par le bourreau, «pour avoir trouvé (livré) le
pain du Roi aux prisonniers debtenus en cas de crime...
item à ung porc admené esdictes prisons. »

Le cas du supplice pour crime de bestialité nous parait différent, et nous l'assimilerions à la destruction des objets inanimés pour cause d'homicide. Il s'agit d'anéantir toute trace d'un acte abominable et dont l'exemple pourrait devenir contagieux. Exemple : Le 26 mai 1546, le sieur Guyot Vide est exécuté à mort avec une vache pour crime de bestialité. Les corps sont brûlés publiquement ; mais ce brûlement est si peu un supplice que l'homme est pendu, et la vache assommée préalablement. La destruction par le feu est le but poursuivi ; mais comme cette destruction entraîne nécessairement la mort de l'animal, on le tue d'abord de la façon la plus expéditive et la moins douloureuse.

Cependant le système de la quasi-personnalité de l'animal est loin d'avoir réuni, au moyen-âge, l'universalité des opinions. Saint Thomas d'Aquin y représente, dans le domaine de la philosophie, le système de la protection due aux animaux pour des motifs purement subjectifs de pitié. Voici en effet ce qu'il dit dans la Quæstio CII de la Somme théologique : «...Quantum vero ad effectum passionis, movetur affectus hominis etiam circa alia animalia ; quia enim passio misericordiæ consurgit in afflictionibus aliorum, contingit autem etiam bruta animalia pœnas sentire, potest in homine consurgere misericordiae affectus etiam circa afflictiones animalium. Proximus autem est ut qui exercetur in affectu misericordiæ circa animalia, magis in hoc disponatur ad affectum misericordiæ circa homines ; unde dicitur Prov. 12, 10 : Novit justus animas jumentorum suorum ; viscera autem impiorum crudelia. Et ideo, ut Dominus populum judaicum ad crudelitatem pronum ad misericordiam revocaret, voluit eos exercere ad misericordiam etiam circa bruta animalia, prohibens quædam circa animalia fieri quae ad crudelitatem quamdam pertinere videntur. Et ideo prohibuit ne coqueretur hœdus in lacte matris, et quod non alligaretur os bovi trituranti, et quod non occideretur mater cum filiis. »

Il semble bien que la Bulle « de Salute Gregis » du pape Pie V contre les courses de taureaux reproduise la même théorie, lorsqu'elle dit :

« Nos igitur considerantes haec spectacula, ubi tauri et feræ in circo vel foro agitantur, a pietate, et charitate christiana aliena esse, ac volentes hæc cruenta turpiaque dæmonum, et non hominum spectacula, aboleri, et animarum saluti quantum cum Deo possumus providere. »

Dans le domaine juridique, Beaumanoir s'élève contre le système de la quasi-personnalité de l'animal.

C'est ainsi qu'il blâme absolument les supplices d'animaux (coutume de Beauvoisis, éd. Salmon, art 1944).

« Si aucun qui ont justices en leurs terres si font justices de bestes quand eles metent aucun à mort : Si comme si une truie tue un enfant, ils la pendent et traînent, ou une autre beste.

Mais c'est nient à fere, *car bestes mues n'ont pas entendement* qu'est biens ne qu'est maus, et pour ce est justice perdue, car justice doit estre fete pour la vengeance du mesfet, et que cil qui a fet le mesfet sache et entende que pour tel mesfet il en porte tele peine ; mais cis entendemens n'est pas entre les bestes mues, et pour ce se mette il de nient qui, en manière de justice met beste mue à mort pour mesfet ; mes face ent li sires son pourfit comme de sa chose, car ele li est acquise de son droit ; et toutes voies est il bon, si c'est tors ou pourceaus ou moutons ou beste enragie, quele qu'ele soit qu'il face qu'ele muire en son pourfit fesant, pour ce qu'ele ne face une autre fois autel ; et c'est chevaus ou mules ou asnes, retenir le puet li sires pour fere ent son pourfit sans metre à mort. »

Après avoir ainsi posé le principe de la matière dans l'art. 1944, Beaumanoir fixe dans l'art. 1945 (1) les solutions pratiques. En cas d'homicide commis par la bête on doit, suivant lui, distinguer deux cas. Si l'homicide ne peut, en aucune façon, être imputé au propriétaire, la bête sera confisquée au profit du seigneur, et le propriétaire sera, de ce fait, tenu pour quitte. Si au contraire, l'homicide peut être imputé au propriétaire comme par exemple « se j'estois montés sur mon cheval et ferisse le cheval des esperons par mi enfans ou par mi presse de gent », c'est le propriétaire qui est responsable.

Ainsi nous voyons que sur cette question comme sur tant d'autres, Beaumanoir se trouve d'accord avec l'esprit des législations modernes.

Il nous reste à examiner, pour compléter l'étude du droit médiéval, le cas des dommages causés par les bêtes dans les champs. Beaumanoir règle cette question dans

1) Edition Salmon.

les art. 1561 et 1562 (1) de sa coutume de Beauvoisis. La victime du dommage peut se saisir des bêtes délinquantes, et les emprisonner. Après quoi, il doit notifier le fait au propriétaire des bêtes par-devant le seigneur de ce propriétaire. A dater de ce moment, le propriétaire des bêtes a un délai de sept jours pleins pour les reprendre en payant le dommage causé. S'il ne le fait, les bêtes sont censées abandonnées à la victime en payement du dommage. Pendant le délai, c'est au propriétaire des bêtes qu'incombe le soin de les nourrir, et si elles périssent par cas fortuit, cela ne le dispense nullement de réparer le dommage causé. Si le propriétaire prévenu ne peut par force majeure venir reprendre ses bêtes en payant le dommage, comme s'il s'agit par exemple d'un marchand étranger (1563), et que le saisissant craigne que les bêtes ne périssent dans l'intervalle, il peut les vendre et mettre le prix à la disposition du propriétaire des bêtes.

Mais la victime n'a dans aucun cas le droit de tuer les bêtes ni de les emprisonner dans de telles conditions qu'elles en puissent périr. La solution est même alors digne de remarque. Non seulement, il doit payer la valeur des bêtes à leur propriétaire, mais il perd tout droit à la réparation du dommage qu'on lui a causé.

On ne considère donc pas qu'il a épuisé son droit en se faisant justice lui-même, puisqu'on l'oblige à payer une amende; il y a là une véritable disposition protectrice des animaux.

(1) Edition Salmon.

CHAPITRE III

LES LÉGISLATIONS MODERNES

SECTION PREMIÈRE

Théorie de la non-personnalité de l'animal

PARAGRAPHE I

Le droit révolutionnaire

Le système de la non-personnalité absolue de l'animal a prévalu encore avec le réveil des traditions gréco-latines, dans notre droit intermédiaire ainsi que dans le droit français actuel jusqu'à la loi Grammont en 1850.

La loi des 28 septembre - 6 octobre 1791 (titre II, art. 30), porte :

« Toute personne convaincue d'avoir, de dessein prémédité méchamment, sur le territoire d'autrui, blessé ou tué des bestiaux ou chiens de garde, sera condamné à une amende double de la somme du dédommagement. Le délinquant pourra être détenu un mois, si l'animal n'a été que blessé, et six mois s'il est mort de sa blessure ou en est resté estropié. La détention pourra être le double si le délit a été commis la nuit, ou dans une étable, ou dans un enclos rural. »

Il est certain qu'il y a là la répression pénale d'un fait dommageable aux animaux ; de plus le mot *méchamment* pourrait faire soupçonner une appréciation morale du fait de maltraiter les animaux considéré en lui-même. En réalité, il n'en est rien. Ce que la loi a voulu uniquement, c'est réprimer une atteinte portée à la propriété. Il y a de cela deux preuves. La première c'est l'assimilation, au point de vue de la peine, de la mort et de l'estropiement. Lorsqu'il s'agit de l'homme, la loi pénale distingue le meurtre, qui est puni de la mort (art. 302 du Code pénal), de la mutilation, punie seulement de la réclusion (art. 309 du Code pénal, parag. avant-dernier). Ici, pas de distinction, parce qu'on ne considère que l'intérêt du propriétaire de l'animal qui n'est pas moins lésé par l'estropiement que par le meurtre de l'animal.

La seconde preuve, c'est l'aggravation de la peine portée par la fin du texte en cas que le délit ait été commis la nuit ou dans un enclos, parce que le fait suppose alors un véritable brigandage, bien plus dangereux pour la propriété que si le meurtre avait été commis de plein jour et hors de tout enclos.

A plus forte raison, les textes du Code pénal sont uniquement rédigés dans l'intérêt de la propriété.

Art. 479.

« Seront punis d'une amende de onze à quinze francs inclusivement :

1° Ceux qui, hors les cas prévus par l'art. 434 et jusques y compris l'art. 462, auront volontairement causé des dommages aux propriétés mobilières d'autrui.

2° Ceux qui auront occasionné la mort ou la blessure des animaux ou bestiaux appartenant à autrui, par l'effet de la divagation des fous ou furieux, ou d'animaux malfaisants ou féroces, ou par la rapidité ou la mauvaise direction, ou le chargement excessif des voitures, chevaux, bêtes de trait, de charge, ou de monture.

3° Ceux qui auront occasionné les mêmes dommages par l'emploi ou l'usage d'armes sans précaution ou avec maladresse, ou par jet de pierres ou d'autres corps durs (la peine peut-être portée jusqu'à cinq jours de prison, art. 480, p. 1).

4° Ceux qui auront causé les mêmes accidents par la vétusté, la dégradation, le défaut de réparation ou d'entretien, des maisons ou édifices, ou par l'encombrement ou l'excavation, ou telles autres œuvres, dans ou près des rues, chemins, places ou voies publiques, sans les précautions ou signaux ordonnés ou d'usage.

Art. 452.

« Quiconque aura empoisonné des chevaux ou autres bêtes de voiture ou monture ou de charge, des bestiaux à cornes, des moutons, des chèvres ou porcs, ou des poissons, dans des étangs, viviers ou réservoirs, sera puni d'un emprisonnement d'un an à cinq ans, et d'une amende de seize à trois cents francs. »

Art. 453.

« Ceux qui, sans nécessité, auront tué l'un des animaux mentionnés au précédent article seront punis ainsi qu'il suit :

Si le délit a été commis dans les bâtiments, enclos et dépendances ou sur les terres dont le maître de l'animal tué était propriétaire, locataire, colon ou fermier, la peine sera un emprisonnement de deux à six mois. »

Il s'agit du cas le plus grave : la violation de la propriété mobilière se complique d'une violation de la propriété immobilière.

« S'il a été commis dans les lieux dont le coupable était propriétaire, locataire, colon ou fermier, l'emprisonnement sera de six jours à un mois. »

C'est le cas le moins grave. Le meurtrier pouvait considérer la présence de l'animal chez lui comme une atteinte à sa propriété immobilière. La peine s'abaisse brusquement de six mois à un mois au maximum, et de deux mois à six jours pour le minimum.

« S'il a été commis dans tout autre lieu, l'emprisonnement sera de quinze jours à six semaines.

Le maximum de la peine sera toujours prononcé en cas de violation de clôture. »

Sur ce point, même observation que pour la loi de 1791.

Art. 454.

« Quiconque aura, sans nécessité, tué un animal domestique dans un lieu dont celui à qui cet animal appartient est propriétaire, locataire, colon ou fermier, sera puni d'un emprisonnement de six jours au moins et de six mois au plus.

S'il y a eu violation de clôture, le maximum de la peine sera prononcé. »

Ici, l'intention de ne réprimer le fait qu'en tant qu'il constitue une atteinte à la propriété est si évidente qu'on ne le punit que lorsque l'atteinte à la propriété mobilière considérée comme de peu de valeur se complique d'une atteinte portée à la propriété immobilière.

En ce qui concerne la responsabilité pénale des animaux, il y a un fait du moins qui porterait à croire que le droit révolutionnaire le reconnaissait. C'est le jugement rendu par le Tribunal révolutionnaire le 17 novembre 1793, condamnant à mort, en même temps qu'un invalide son maître, un chien qui avait été dressé à aboyer contre les uniformes de la garde nationale et qui avait mordu plusieurs fois un porteur de billets de garde. Le chien fut assommé en présence d'un inspecteur de police.

Mais l'époque révolutionnaire est une de celles où il faut le plus se méfier des apparences si on veut pénétrer l'esprit des événements. Dans une période de troubles comme celle-là, on agissait sous l'inspiration du moment, en conséquence des influences ambiantes les plus multiples, souvent même les moins précises. Et il ne faut considérer le jugement du 17 novembre 1793 que comme un moyen de frapper l'esprit de la multitude, et s'il était permis de s'exprimer ainsi, comme une boutade analogue à la célèbre phrase : « La République n'a pas besoin de savants ! »

La preuve, c'est que le fait est demeuré isolé et qu'on ne trouve dans les lois aucune trace de l'idée de la responsabilité pénale de l'animal. Néanmoins, pour l'harmonie du sujet, nous donnerons les textes qui, dans notre droit, consacrent la responsabilité du maître à l'occasion des faits des animaux qui lui appartiennent.

Le principe de la matière est déposé dans l'art. 1385 du Code civil.

« Le propriétaire d'un animal, ou celui qui s'en sert, pendant qu'il est à son usage, est responsable du dommage que l'animal a causé, soit que l'animal fût sous sa garde, soit qu'il fût égaré ou échappé. »

C'est l'application pure et simple du principe général énoncé dans l'art. 1384, par. 1.

« On est responsable, non seulement du dommage que l'on cause par son propre fait ; mais encore de celui qui est causé par le fait des personnes dont on doit répondre, ou des choses que l'on a sous sa garde. »

Le reste de l'art. 1384 s'occupe des personnes dont on doit répondre ; l'art. 1385 des animaux et l'art. 1386 des bâtiments, c'est-à-dire des choses que l'on a sous sa garde. Les animaux sont donc classés non seulement en droit et en fait, mais même *in terminis* dans la catégorie des choses.

Voyons maintenant les conséquences du principe au point de vue pénal.

Art. 471 du Code pénal.

« Seront punis d'amende depuis un franc jusqu'à cinq francs inclusivement.

14° Ceux qui auront laissé passer leurs bestiaux ou leurs bêtes de trait, de charge ou de monture, sur le terrain d'autrui avant l'enlèvement de la récolte.

Art. 475.

« Seront punis d'amende depuis six francs jusqu'à dix francs inclusivement :

4° Ceux qui auront fait ou laissé courir les chevaux, bêtes de trait, de charge ou de monture dans l'intérieur d'un lieu habité...

7° Ceux qui auraient laissé divaguer des fous ou des furieux étant sous leur garde, ou des animaux malfaisants ou féroces (cf. l'art. 479, par. 2, mentionné plus haut) ; ceux qui auront excité ou n'auront pas retenu leurs chiens, lorsqu'ils attaquent ou poursuivent les passants, quand même il n'en serait résulté aucun mal ni dommage.

10° Ceux qui auraient fait et laissé passer des bestiaux, animaux de trait, de charge ou de monture, sur le terrain d'autrui, ensemencé ou chargé d'une récolte, en quelque saison que ce soit, ou dans un bois taillis appartenant à autrui.

Art. 479.

« Seront punis d'une amende de onze à quinze francs inclusivement :

10° Ceux qui mèneront sur le terrain d'autrui des bestiaux de quelque nature qu'ils soient, et notamment dans les prairies artificielles, dans les vignes, oseraies, dans les plans de câpriers, dans ceux d'oliviers, de mûriers, de grenadiers, d'orangers, et d'arbres du même genre, dans tous les plants ou pépinières d'arbres fruitiers ou autres, faits de main d'homme.

La peine de la prison pourra être prononcée, en outre de l'amende, jusqu'à trois jours au maximum, contre les faits visés par l'art. 475 par. 4 (art. 476) et jusqu'à cinq jours au plus, en cas de récidive, contre tous les faits punis par l'art. 475 (art. 478, par. 1).

A noter que tous les faits visés par les articles précédents sont des contraventions. Il en résulte que la peine est prononcée par le tribunal de simple police et que la récidive n'a lieu que lorsque le premier jugement de condamnation a été rendu dans les douze mois précédant le second, et pour fait commis dans le ressort du même tribunal.

PARAGRAPHE II

Le droit allemand et la loi Grammont

Certaines législations modernes ont appliqué un système analogue à celui de Çakyâ Mouni et du Koung-tseu, c'est-à-dire que, tout en n'admettant pas la quasi-personnalité de l'animal, elles ont considéré que le fait de le maltraiter était un scandale capable de troubler l'ordre public, et, par suite, punissable.

La plupart des lois européennes portées pour la protection des animaux se sont inspirées de ce principe.

La plus formelle en ce sens est la loi impériale allemande.

L'art. 366 du code pénal allemand porte.

« Sera puni d'une amende de vingt thalers au plus ou des arrêts pendant quinze jours au plus :

7° Celui qui aura jeté des pierres ou d'autres corps durs, ou des immondices sur des chevaux ou autres bêtes de trait ou de charge.

Et l'art. 360, siège de la matière:

«Seront punis d'une amende de cinquante thalers au plus ou des arrêts :

13° Ceux qui auront publiquement, ou de manière à causer du scandale, méchamment tourmenté ou brutalement maltraité des animaux.

L'art. 366, par. 7, peut être considéré comme punissant simplement une atteinte portée au droit de propriété.

L'art. 360, par contre, punit bien les violences commises contre les animaux ; mais seulement dans le cas où elles ont provoqué un scandale. C'est là la formule même de notre système. Ce n'est pas une violation de la personnalité de l'animal qu'on punit chez celui qui l'a maltraité, puisque l'animal n'a pas de quasi-personnalité du tout au regard de la loi pénale ; c'est la provocation donnée aux instincts de violence et de brutalité du public.

Ici, triomphe dans tout son éclat, le principe de la subjectivité du droit pénal. Le coupable n'est pas frappé parce que la société le juge méchant.

Il en résulte que si le mal commis sur la personne de l'animal n'est pas de nature à provoquer un scandale, s'il se passe à huis clos par exemple, l'auteur du mal échappe à la loi.

La loi française du 2 juillet 1850, dite loi Grammont, se rattache encore au même système. Elle est moins explicite sur la question de principe, mais plus étroite encore dans l'application.

« Seront punis d'une amende de cinq à quinze francs, et pourront l'être de un à cinq jours de prison ceux qui auront exercé publiquement et abusivement de mauvais traitements envers les animaux domestiques. La peine de la prison sera toujours appliquée en cas de récidive. »

Des travaux complets ont été faits sur cette loi qui dispensent de longs commentaires. Il est pourtant opportun de faire remarquer que la loi française est plus étroite que la loi allemande à un double point de vue.

1° Elle n'admet le délit que lorsque le mal commis sur les animaux a été public, tandis que la loi allemande se contente du scandale, même fortuit, puisqu'elle l'oppose à la publicité.

2° Elle ne s'applique qu'aux mauvais traitements commis sur les animaux domestiques, tandis que la loi allemande s'étend aux mauvais traitements commis sur tous les animaux, quels qu'ils soient.

Mais ce n'est pas encore tout. La jurisprudence, s'appuyant sur les travaux préparatoires de la loi, ne l'applique qu'au cas où les mauvais traitements ont été commis par le propriétaire lui-même ou ses préposés, et non au cas où un tiers commettrait des violences sur un animal appartenant à autrui.

Et ceci s'explique fort bien, théoriquement. Ce qu'on a voulu, c'est frapper un acte qui échappait à toute répression. Or, le fait de maltraiter l'animal appartenant à autrui, tombait déjà, avant la loi Grammont, sous le coup des art. 453 et 479 du Code pénal dont nous avons déjà parlé.

Se rattache encore au même système, l'act XI, loi du 21 mars 1890), applicable aux Indes anglaises, et qui porte : Sont frappés soit d'amendes maxima de cent ou deux cents roupies, soit d'emprisonnement de trois ou six mois au plus, soit parfois des deux peines cumulativement, les actes de cruauté *publiquement* commis sur des animaux domestiques, de même que l'emploi ou l'abandon de ceux-ci en état de maladie, et leur mise à mort dans des conditions de cruauté inutiles (exception est faite pour les sacrifices religieux).

Il semble presque inutile d'ajouter que dans les législations qui s'inspirent de ce système mixte, il ne saurait être question de responsabilité pénale des animaux à raison de leurs actes. Au regard de ces législations, les animaux ne sont pas des personnes.

SECTION DEUXIÈME

Théorie de la quasi-personnalité de l'animal.

PARAGRAPHE I

Droit des peuples anglo-saxons.

Un certain nombre de législations modernes ont reproduit, avec des tempéraments pratiques, les principes du
moyen-âge. Naturellement le principe de la quasi-personnalité de l'animal n'est jamais formulé explicitement, jamais
ces législations ne sont allées jusqu'à admettre la responsabilité pénale de l'animal ; mais l'esprit de ces législations
est basé sur une théorie embryonnaire de la personnalité
de l'animal.

L'Angleterre est entrée la première dans cette voie,
inspirée par ses principes ordinaires de *self-government*.

En 1809, lord Erskine proposa à la Chambre des lords
un bill destiné à protéger les animaux domestiques contre
les mauvais traitements ; il fut accueilli par des éclats de
rire. Les efforts de Richard Martin, de Galway, aboutirent
cependant en 1822 au vote du Martin's Act par la Chambre des Communes. Ce bill ne protégeait que le bétail et
les bêtes de somme ; mais des lois subséquentes étendirent
son application.

En 1839, une ordonnance interdit d'employer les chiens
comme bêtes de trait à Londres, et cette ordonnance fut
étendue en 1854, à tout le Royaume-Uni.

Jusqu'à un certain point, on peut considérer cette mesure comme destinée à faire cesser un scandale public ; mais l'act de 1849 nous semble plus décisif.

Cet act célèbre fait une distinction entre les animaux, suivant qu'ils sont domestiques ou sauvages. Il semble qu'il y ait dans cette classification comme un suprême et inconscient souvenir de la vieille législation primitive des Arians qui classait les animaux en animaux purs ou aristocratiques d'une part, et animaux maudits ou parias de l'autre, et tandis qu'elle protégeait les premiers minutieusement, vouait les autres à l'extermination. Et ce qui est topique dans ce sens, c'est que l'act n'attribue qu'à ces seules créatures le nom d' « animal ». Par animaux domestiques, l'act de 1849, reproduit par l'act 38 de la session de 1880 du Parlement canadien, entend : l'étalon, la jument, le cheval hongre, le taureau, le bœuf, la vache, la génisse, le bouvillon, le veau, le mulet, l'âne, le mouton, l'agneau, le cochon, la truie, la chèvre, le chien, le chat, et les oiseaux domestiques. Il faut noter que la loi ajoute : ou tout autre animal domestique, ce qui ouvre, dans l'avenir, à la jurisprudence, le droit d'accorder la personnalité à de nouvelles espèces animales au fur et à mesure des modifications de l'esprit public.

Examinons d'abord la situation des animaux non spécifiés par la loi. L'act de 1849 leur applique le système admis par la loi Grammont et le code pénal allemand. Le fait de les maltraiter n'emporte punition que s'il est public, et s'il tend par conséquent à pervertir les spectateurs. La preuve, c'est que les spectateurs volontaires sont punis comme les auteurs du fait coupable.

Il s'agit des combats d'animaux et, à ce point de vue, les ours, blaireaux et autres animaux sauvages sont assimilés aux taureaux, aux chiens et aux coqs. La section III de l'act de 1849 punit d'une amende de cinq livres sterlings les organisateurs et spectateurs de ces combats.

L'act de 1880 va plus loin. Il frappe les organisateurs et spectateurs d'un emprisonnement de trois mois au plus, ou d'une amende n'excédant pas cinquante piastres, ou des deux peines à la fois, à la discrétion du magistrat. Le fait seul de construire une arène en vue de ces sortes de jeux constitue le délit.

Pour les animaux domestiques, le simple fait de les « battre, attacher, maltraiter, surmener, surcharger ou tourmenter cruellement, inutilement, et sans nécessité ». (Act de 1849, sect. II, et act de 1880, in principio), constitue un délit, sans qu'il soit besoin de la publicité. La peine varie dans les deux législations. Elle n'est que d'une amende de cinq livres dans la loi anglaise, tandis que dans la loi canadienne, elle peut aller jusqu'à trois mois de prison et cinquante piastres d'amende.

Si l'animal domestique a été provoqué à un combat du genre de ceux exposés plus haut, la peine du mauvais traitement se cumule avec la peine du scandale dans l'act de 1849 (sect. IV.)

A noter que la peine est exactement la même dans les

deux législations, qu'il s'agisse de mauvais traitements infligés à des animaux domestiques ou de combats d'animaux sauvages, ce qui prouve qu'au fond, c'est bien le même fait délictueux qu'on a voulu punir, sans restrictions dans le premier cas, avec restrictions dans le second.

Les autres pays anglo-saxons ont suivi l'exemple de l'Angleterre. Une loi de l'Etat de New-York, de 1875, punit les cruautés commises contre les animaux domestiques à l'exception du tir aux pigeons. Cette loi est intéressante en ce qu'elle réprime certainement l'atteinte à la quasi-personnalité de l'animal, puisqu'elle tolère, dans une certaine mesure, les cruautés publiques. Le développement de la personnalité humaine par le sport excuse dans ce cas particulier l'atteinte à la quasi-personnalité de l'animal, aussi exige-t-on qu'il s'agisse réellement d'un sport. Le tir aux pigeons n'est permis qu'aux clubs de sportsmen ou aux sociétés incorporées. Les pigeons blessés doivent être tués aussitôt.

La loi de l'Etat de New-York de 1888 (act 144 de la session 111ᵉ) frappe les combats d'animaux. La particularité de cette loi, c'est que les amendes sont recouvrées sur la demande des sociétés protectrices des animaux, considérées ici comme des représentants juridiques de l'animalité.

L'act 44 de la session de 1880 de l'Etat de Louisiane reproduit à peu près dans sa pénalité la loi canadienne. Trois mois de prison et cent dollars d'amende.

L'act de 1849 punit encore, dans sa section v, d'une

amende de 20 schellings, le fait de mettre ou de faire mettre en fourrière, enfermer ou faire enfermer dans une fourrière un animal (entendez un animal des espèces privilégiées) sans lui fournir en suffisante quantité, nourriture convenable et eau nécessaire. S'il s'agit d'un animal destiné à l'abatage (section VIII), la peine est portée à cinq livres et le simple fait de le faire travailler entraîne une amende de quarante schellings par jour de délit (section IX). On considère évidemment ici qu'une sorte de « révérence » est due à l'animal qui a usé ses forces et sa vie au service de l'homme. Et la preuve, c'est que les animaux destinés à la boucherie ne sont pas protégés par la section IX et sont formellement exclus de l'application de la section VIII.

Au contraire, la loi de la Louisiane punit de trois mois de prison et cent dollars d'amende les agents des compagnies de transport ou de navigation qui auront laissé les bestiaux enfermés plus de vingt-quatre heures sans leur donner l'eau, la nourriture ou les aliments nécessaires.

Continuons l'examen de la législation anglaise.

L'act de 1876 est relatif à la fameuse question de la vivisection. Tout d'abord, il renouvelle les principes du Martin's Act en préservant de la vivisection d'une façon absolue : les chiens, les chevaux, les ânes, les mulets et les chats. Pour les autres animaux, il envisage si clairement le fait de la violation de la quasi-personnalité animale et non celui du scandale, que non seulement, il ne proscrit point la vivisection publique, mais que même, il ne l'autorise que dans les établissements publics.

Trois conditions sont requises : l'expérience doit avoir pour résultat l'avancement de la physiologie ou de la médecine; l'expérimentateur doit appartenir au personnel officiel des établissements, astreints sur ce point à un contrôle très sévère; enfin, l'emploi du chloroforme est exigé durant toute la durée de l'expérience, à moins que l'anesthésie ne rende précisément impossible le but de l'expérience. Sitôt l'expérience terminée, l'animal doit être abattu. C'est l'application des mêmes principes qui ont dicté la loi américaine de 1875 sur le tir aux pigeons.

L'Injured animals act de 1894 (sect. 22) donne pouvoir aux constables de faire abattre les chevaux ou animaux blessés d'une façon sérieuse. La particularité de cette loi, c'est qu'elle décide que la dépense sera recouvrée contre le propriétaire comme une dette civile. S'il n'y avait là qu'une simple mesure de police, les frais devraient être à la charge de l'Etat et ce serait le cas si on ne considérait ici que le scandale résultant de l'agonie publique de l'animal. Mais on considère qu'il y a là un véritable devoir de la part du maître de faire cesser les souffrances de l'animal, devoir que, par hasard, la société remplit pour lui, mais non à sa place.

La loi américaine de 1888, dans ses dispositions relatives au même sujet est moins formelle. Ce ne sont pas les constables qui font mettre à mort les animaux blessés; mais les agents de la société protectrice des animaux, si les animaux paraissent à deux citoyens respectables, malades ou blessés à mort.

D'autre part, le fait d'abandonner sur la voie publique un animal blessé ou infirme ou, prévenu, de ne le point venir chercher dans les trois heures, constitue un délit. Mais, comme le délit est le même, si l'animal est tué, il semble bien qu'il n'y ait là qu'un intérêt de police. Même considération pour la décision qui permet aux agents de la société protectrice des animaux de faire conduire en fourrière les animaux dont le conducteur a été arrêté.

PARAGRAPHE II

Autres législations

La législation anglo-américaine a trouvé beaucoup d'imitateurs.

C'est ainsi que l'ordonnance de 1854 interdisant l'emploi des chiens comme animaux de trait a été imitée par l'ordonnance de la police de Cologne du 27 juillet 1880 interdisant cet emploi sans autorisation spéciale et par celle de la police de Zurich du 25 février 1888. Ce qui prouve que cette dernière ordonnance applique les principes de la loi anglaise, c'est qu'elle exige que l'autorisation soit précédée de l'avis d'un vétérinaire, en sorte qu'il s'agit réellement de l'intérêt de l'animal et non de la police de la rue, sans quoi le fait d'atteler un chien serait permis ou défendu d'une façon générale, et non par mesures individuelles.

L'act de 1876 sur la vivisection a été imité par l'ordonnance du ministre des cultes de Prusse du 22 février 1885, par. 5, qui restreint la vivisection aux « animaux inférieurs », toutes les fois que cette restriction est compatible avec les intérêts de la science.

La loi danoise du 13 mars 1891 reproduit la loi anglaise. Sa pénalité est très sévère : 100 à 500 Kroners d'amende (140 à 700 francs) et 1.000 Kroners en cas de récidive (art. 3.)

Enfin une application nouvelle et intéressante du « jus animalium » a été faite par l'ordonnance du Royaume de Saxe du 21 mars 1892 qui prescrit d'assommer les animaux de boucherie, avant de répandre le sang.

Pareille disposition a été insérée, après référendum, dans la constitution fédérale suisse (art. 25 bis) le 20 août 1893.

« Il est expressément interdit de saigner les animaux de boucherie sans les avoir étourdis préalablement ; cette disposition s'applique à tout mode d'abatage et à toute espèce de bétail. »

CONCLUSION

Nous avons ainsi passé en revue les diverses législations
pénales édictées contre les animaux et en faveur des animaux. Nous avons pu nous rendre compte que le système
qui semble appelé à jouer un rôle de plus en plus prépon-
dérant dans les sociétés modernes est celui qui admet ce
que nous avons appelé la quasi-personnalité des animaux.
Cette notion est parfaitement admissible si on la renferme
dans des limites précises et conformes à la raison.

Certains, surtout en Angleterre, ont prétendu imposer
le système de la personnalité absolue des animaux et en
tirer même des conséquences pratiques. Nous nous per-
mettrons de leur indiquer celles auxquelles la logique
devrait les conduire : 1° rétablissement des pénalités appli-
cables aux animaux, corollaire de la personnalité juridique de l'animal ; 2° obligation de laisser les animaux se
multiplier à l'infini et, par conséquent, dévorer toutes les
subsistances et exterminer par la famine la race humaine ;
3° impossibilité d'imposer à l'animal aucun travail non

volontaire, et, comme il ne saurait choisir lui-même un travail utile à la collectivité, nécessité d'en faire une espèce d'objet de culte comme chez les anciens Egyptiens.

Ce système se condamne lui-même par son absurdité, et cette absurdité découle d'un principe faux.

La vérité est que nous avons le devoir de développer notre propre personnalité, et par conséquent le droit de faire tous les actes qui peuvent concourir au développement de cette personnalité, jusqu'à la limite où ils entraveraient le développement d'une autre personnalité. Or, l'âme de la personnalité, c'est la liberté, et il résulte de là que le droit est un rapport entre deux êtres libres. Il ne saurait donc y avoir de personnalité animale puisqu'il n'y a pas de liberté chez les animaux; partant, pas de devoirs de l'homme envers les animaux, pas de droit entre l'homme et l'animal.

Cependant, comme toute similitude engendre un rapport philosophique, on ne peut nier que l'animal soit semblable à l'homme par la sensibilité et qu'il s'établisse ainsi entre eux un rapport d'une nature toute particulière. Qu'on admette que la sensibilité de l'animal constitue une quasi-personnalité, *sui generis*, que l'homme doit respecter cette quasi-personnalité, c'est possible; mais à condition qu'on spécifie bien que cette quasi-personnalité est entièrement subordonnée à celle de l'homme.

Tout ce qui est utile au développement de notre personnalité, nous le pouvons tirer de l'animal, même sa vie, puisque la vie n'a de valeur que sous le point de vue de la liberté ; mais nous devons respecter la sensibilité de l'animal, parce que sa souffrance ne peut jamais être utile au développement de notre personnalité, et qu'user d'une nature sensible hors du cas de nécessité constitue ce qu'un théologien appellerait « un péché contre soi-même ».

Vu par le président de la Thèse :

E. CHÉNON.

Vu par le Doyen :

GLASSON

Vu et permis d'imprimer :

Le Vice-recteur de l'Académie de Paris

GRÉARD.

BIBLIOGRAPHIE

Von Amira. — Thierstrafen und Thierprocesse, Innsbrüch, 1891, in-8.

Annuaire de Législation étrangère, années 1872, 1877, 1881, 1882, 1889, 1891, 1892, 1894, 1895.

Beauchet. — *Histoire du Droit Privé de la République Athénienne*, Paris, 1897, 4 vol., in-8.

Beaumanoir. — *Coutume du Beauvoisis* (édit. Salmon), Paris, 1899.

Berryat-Saint-Prix. — *Mémoires de la Société des Antiquaires de France*, t. VIII, p. 427.

Catinaux (J.). — *Les Actions Noxales*. Paris, 1891, in-8.

Crozals. — *De l'exercice de l'action publique*.

Dareste (R.). — *La loi de Gortyne*, Paris, 1886, in-8.

Engelhardt. — *De l'Animalité et de son droit*, Paris, 1898.

Franklin. — *Les Animaux au moyen-âge* (t. II).

Girard. — *Les Actions Noxales*.

Hesse (André). — *De la Protection des Animaux*, Laval, 1899, in-8.

Lamairesse. — *L'Inde après le Boudha*, Paris, 1892, in-8.

La Loi de Vestrogothie, trad. Lud. Beauchet, 1889.

La Loi Gombette, ms. du Vatican, édit. Valentin-Smith.

Maspéro. — *Histoire ancienne des Peuples de l'Orient*, Paris, 1895, in-4º.

94   BIBLIOGRAPHIE

MÉNABRÉA. — *De l'origine des jugements contre les animaux*, Chambéry, 1846, in-8.

PARDESSUS. — *La Loi Salique.*

PAUTHIER. — *Les Cinq livres sacrés de la Chine*, traduction, 1841.

PLUTARQUE. — Vie de Solon. *De Animalibus.*

RAMBURES (M^{ise} de). — *L'Eglise et la Pitié envers les Animaux*, textes originaux. Premier recueil, sous la direction de..... Paris-Londres, 1899.

RÉVILLOUT. — *Cours de Droit égyptien*, Paris 1883, in-8.

SALT (Henry-S.). — *Les Droits de l'Animal*, Paris, 1900.

STREHLY. — *Les lois de Manou*, trad. Paris 1893, in-8.

TIELE. — *Histoire comparée des anciennes Religions de l'Egypte et des peuples sémitiques*, Paris, 1882, in-8.

ZEND AVESTA. — Trad. Paris, 1892, in-4°.

TABLE DES MATIÈRES

www.ingramcontent.com/pod-product-compliance
Ingram Content Group UK Ltd.
Pitfield, Milton Keynes, MK11 3LW, UK
UKHW020923120726
13693UKWH00003B/1111